Essência
PERCEPÇÕES DA CAMINHADA CRISTÃ

MARCO CICCO

Copyright © 2018, Teneo Publishing House.
Título: Essência: Percepções da Caminhada Cristã.
2ª edição 2018
Proibida a reprodução por qualquer meio, a não ser em breves citações com indicação da fonte.

ISBN: 978-85-54860-07-3

Impresso no Brasil

Editoração
José Alencar Lopes Jr.
Design e Diagramação
Messias Freire
Revisão Ortográfica
Teresa Cristina
Apoio Teológico
Hugo André Coutinho
Resenha Crítica
Paulo Ulisses

www.editorateneo.com

240
C499e
Vida Cristã, Espiritualidade

Cicco, Marco Aurélio. Essência: Percepções da Caminhada Cristã. Pindamonhangaba: Teneo Publishing House, 2017.

Esta obra se insere no campo da experiência cristã. O autor utiliza-se de linguagem direta e pessoal para definir o ambiente cristão prático. Como o autor mesmo se define "um pastor jovem de uma cidade urbana", que comenta a realidade urbana e de que forma essas realidades vêm moldando os caráteres, ou seja, as essências.

Sumário

Já perdi a razão de viver	15
A brevidade da vida	21
A culpa é minha mesmo	25
Jesus, a Divindade reconhecida	29
A fé que vence o mundo	33
Abatidos	37
Alívio para a alma	41
Anônimo	45
Primeiras coisas	49
Selfies da caridade	53
Assumindo responsabilidades	57
Bajuladores: alimentadores do ego	61
A falsa espiritualidade	65

Coisas pequenas	71
Confie em Deus	75
Conte as estrelas	79
Crescendo com o joio	83
Cristãos que viram ateus	87
Cuidados necessários	93
Bom procedimento em Cristo	97
O Evangelho de Cristo e seu chamado	101
Pão Secundário	105
Ponha sua boca no Pó	107
Posturas ... a um músico cristão	111
Razão da Esperança	115
Prioridades	119
Religião Particular	123
Que nada nos falte	125
A segunda milha	129
Verdadeira Liberdade	133
Recomendações... Crise Financeira	137
Dores na Alma	145
Revendo os Valores	149
Coisas Pequenas	153

Agradecimentos

Este livro não seria uma realidade se não fosse uma somatória de esforços de parentes e amigos queridos. Realização de um sonho conjunto, do qual serei grato a todos eternamente.

Agradeço meus pais, Roberto e Elizabeth, que sempre me apoiaram em tudo. Minha esposa Claudia Cicco pelo companheirismo e compreensão no cotidiano. Dedico este trabalho a vocês, minha família que amo, e que me amam tanto.

Agradeço meus amigos do Ministério Evangelho Inegociável, que caminham comigo para anunciarmos o Evangelho de Cristo. Obrigado pela parceria em todos os momentos que já enfrentamos.

Queria agradecer de forma honrosa: Marcelo Rosa, Saulo Brunello, Wélber dos Santos, Lauro Cesar B. Serrano, Valdirene Cardoso da Silva , Dilcimar Gomes da Silva, João Paulo Alves Fidelis, Juan Carlos, Klayton Batista, Pâmela Karoline, Camila Plens, Nayssa Barcelos, Alisson Bruno, Daniel Kinchescki , Gisele Fernandes, Gisele Moreira, Nilson Borin, Patrícia Castro, Priscila Mariano, Victor Casarotto, Grácia Donadelli, Hugo Coutinho, Jonathan Erivelton e Bispo Josep

Rossello, pois o apoio de vocês foi essencial para que os primeiros passos deste livro fossem dados. Obrigado pelo incentivo e por acreditarem e me incentivarem tanto. Douglas Santos do Rosário: seu profissionalismo e dedicação significam muito para mim. Que Deus o abençoe por isso.

Agradeço a todos que vão dedicar um tempo de suas vidas para ler as experiências e reflexões partilhadas neste livro. Meu desejo e oração é que vocês sejam edificados, para a Glória do Pai.

Introdução

Não tenho palavras suficiente para expressar a alegria e prazer que sinto ao escrever esta introdução para a nova edição de Essência: Percepções da Caminhada Cristã. Para quem nunca nem sonhou em ter um livro publicado, de repente, escrever algo sobre ele, é sem dúvida uma experiência muito agradável e enriquecedora. Em uma nova edição então.... alegria incomparável.

Nesta edição, acrescentamos a experiência trágica de minha tentativa de suicídio. Não é algo fácil de lembrar, mas entendo que será útil para auxiliar pessoas que estejam passando por situações semelhantes.

Você também encontrará neste livro, reflexões e pensamentos que surgiram da experiência da prática pastoral. Aconselhamentos, pregações e estudos oriundos dos dilemas comuns e que fazem parte da caminhada do cristão neste mundo e nestes nossos dias tão difíceis.

Em Essência, não retratei uma autobiografia, assim por dizer. Mas sem dúvida, muito do que é lido ajudou a formar e aperfeiçoar o meu caráter. Partilhando a vida e vivenciando os problemas cotidianos face ao que o Evangelho de Cristo nos propõem, podemos aprender muitas coisas. Esse tipo de experiência diária, é, de fato, algo transformador.

    Uma palavra que define o que sinto ao saber que este livro chegou até você: GRATIDÃO! Sou grato pela oportunidade de partilhar um pouco do que conheço do Evangelho com você. Grato por você ter desejado ler o conteúdo que produzi. Grato por poder dividir estes pensamentos com diversas outras pessoas que leram a edição anterior e tiveram o cuidado de me enviar suas impressões, que foram enriquecedoras. Grato pela confiança que muitos demonstraram por este trabalho.

    Oro para que o Senhor Jesus, através deste livro, possa lhe dar boas resposta sobre os questionamentos diários, bem como edificar a sua fé, oferecer novos "nortes" e luz aos dias sombrios de dúvidas.

    Grande abraço! Deus abençoe você!

Rev. Marco Cicco
Outono/2018

Prefácio

Se teve uma grande alegria quando recebi o convite de Marco para escrever o prefácio do seu livro, foi ainda maior quando terminei a leitura dele. Senti um profundo agradecimento a Deus pela oportunidade de fazer um convite à leitura de tal singular livro que nos permite encontrar pérolas cheias de sabedoria e vivência em cada um dos pensamentos da Essência.

O desejo de todo autor é nos ajudar, através das páginas do seu livro, a encontrar uma realidade talvez nunca antes descoberta pelo leitor. Ao abrir as páginas de um livro encontramos diante de nós palavras que se desenvolvem em textos para ajudar a refletir, pensar, sonhar e viver novas realidades nunca pensadas e refletidas antes.

Você tem em suas mãos um livro que nos convida a descobrir os passos que fazem o início de uma jornada, bem como a própria jornada.

Cada livro é uma nova senda para descobrir um caminho que nos ajuda a aprofundar na realidade que o autor apresenta. Sendo este um livro de espiritualidade devocional, e de profunda reflexão teológica em pequenas doses de imaginação, o leitor poderá encontrar-se adentrando um caminho que, mesmo familiar, é igualmente novo.

Como um rio, formado por uma infinidade de gotas de água, este livro está formado por uma série de textos que juntos levam o leitor a buscar novamente a própria essência do ser cristão, do encontro com Deus e do sentido da vida.

Às vezes a falta de tempo ou simplesmente a falta de parar no caminho para descansar nos leva a esquecer de aspectos tão fundamentais, como o porque começamos esta jornada e para onde estamos indo. Lembramos os desejos e ilusões do início se tomamos um momento para voltar à eles, porém poucas vezes conseguimos tirar uns minutos da nossa agenda apertada para perceber a verdade de que não somos donos da nossa existência, mas deixamos a vida nos levar a cada instante.

Portanto, não seria surpresa se o leitor encontrasse mais sentido na jornada ao final da leitura do que no início, porque não em poucas ocasiões, é ao final da jornada que somos capazes de compreender o que nos levou a começar este caminho que percorremos e a importância das pausas com o passar da jornada. Essência nos leva a fazer uma pausa para mostrar a direção certa e perceber que tão importante quanto chegar ao destino é o aprendizado no caminho.

Por esta razão, caro leitor, te convido a que tome seu tempo para ler cada reflexão apresentada por Marco Cicco, percebendo a necessidade de permitir às palavras tomarem corpo para assim ser renovado com o conhecimento compartilhado pelo autor e encontrar a coragem diante dos desafios da vida.

Este livro permitirá ao leitor encontrar palavras que refletem muito a jornada e vida do autor. Marco nos ajuda a buscar mais profundamente ao Senhor, não somente o conhecimento pelo conhecimento, mas, a sabedoria como dom para cada um de nós.

A Essência se encontra nos passos tomados enquanto crescemos a cada dia, assim as percepções da caminhada cristã nos aproximam a cada instante do próprio Senhor, Jesus Cristo, e desenvolvemos um constante encontro com Deus, O nosso Pai Eterno e Bondoso.

A certeza é clara ao dizer que a leitura desta obra evangélica, no sentido mais etimológico da palavra, isto é, mensagens de boas novas, ajudará o leitor a redescobrir muitos aspectos já esquecidos no decorrer da vida cristã. Como precisamos tanto desse oásis que permite descansar por um instante para retomar a caminhada com mais forças!

Sendo assim, tome o tempo para preparar um café antes de se acomodar e seguir a leitura deste agradável livro, que abrirá um novo horizonte diante de ti, enquanto as percepções do autor mostram o início do caminho que se realiza com a determinação de que a Essência, que é O Próprio Deus, nos permite crescer na graça do Senhor para ser um testemunho do Amor do Pai.

Permita-se tomar o tempo para ler a proposta de cada capítulo descobrindo o que Deus vai mostrar enquanto continua esta caminhada cristã.

Que a Graça de Deus seja o exemplo da vida cristã, que a percepção do Amor do nosso Senhor, Jesus Cristo, esteja contigo em cada passo que dá e que a Força do Espírito Santo te dê a coragem da imaginação na caminhada. Amém.

Bispo Josep Rossello
Igreja Anglicana Reformada do Brasil

JÁ PERDI A RAZÃO DE VIVER
(depoimento)

"Através das misericórdias do Senhor não somos consumidos, porque suas compaixões não falham. Eles são novos todas as manhãs; Grande é a tua fidelidade." Lamentações 3:22-23.

Em um passado distante, eu perdi a razão de viver. Não fosse a misericórdia do Senhor, eu não estaria aqui partilhando desta experiência. Olhando para trás, não sei como consegui chegar ao estágio de atentar contra a minha vida. Mas sim, fiz isso. Errei. Claro, que eu poderia distribuir culpas a todos os que faziam parte da minha vida naquele momento, mas assumo, errei feio.

Não sei bem onde começaram os planos de execução deste ato. Mas sei que a minha vida estava totalmente fora do eixo. Toda a minha expectativa, planejamento, objetivos estavam pautados em coisas efêmeras e sem base para sustentar uma vida.

Expectativa demais no que era incerto, o tombo foi grande!

Me lembro que me vi sozinho em casa, as dez da manhã. Meu pai, coitado, estava trabalhando e só chegaria após as 20:00. Não consegui pensar nele o suficiente para não agir. Minha mãe não morava conosco, então, ela saberia mais tarde. Peguei um caderno e escrevi uma carta, pedindo desculpas, pois eu não aguentava mais. A dor da alma me sufocava, angústia sem fim. Muita dor, sem nenhum tipo de remédio. Não havia nada que fosse químico que pudesse acalmar minha alma.

Em um ímpeto, busquei um veneno usado contra insetos que tinha em casa. E tomei mais de meio frasco com mais de dez comprimidos de calmante. Estava feito. Não sei como pensei em "dormir e acordar no céu". Fui covarde a tal ponto que nem a dor da morte eu queria sentir. Eu só queria que a dor parasse, não importava o que tivesse que ser feito.

Dormi.

Acordei com o barulho do meu pai chegando em casa, várias horas depois. Nada me aconteceu. Meu organismo estava normal, nem dor de cabeça, ou vômito, ou algo do tipo, absolutamente nada.

"Nem para por um fim em sua vida você serve." Foi meu primeiro pensamento.

Sim, eu já tinha tido um contato superficial com o Evangelho. Mas Cristo ainda não era meu Senhor verdadeiramente. Ainda não O servia, e sinceramente não O conhecia. Estava sonolento, tomei um banho. Não consegui chorar. Mas um pouco antes de dormir, consegui olhar para o céu e falar: Deus, me perdoe! Adormeci.

O DIA SEGUINTE

Não foi fácil me olhar no espelho. Ainda hoje não é. Sim, ainda reflito de vez em quando sobre a misericórdia de Deus sobre mim, por ter me dado uma chance de seguir em frente nesta vida. Não é fácil ser confrontado todos os dias por si mesmo.

Recentemente, perdi um amigo muito querido que lutou bravamente contra o câncer por mais de dois anos. Lembro da luta dele pela vida, e meu desprezo pela vida no passado. É... a vida dá estes choques em nós. As misericórdias do Senhor se manifestaram em minha vida de forma real. O Senhor não só não permitiu que nada de ruim me acontecesse, como também me convenceu do pecado e me salvou!

A consciência do perdão é diária. Os dias são maus, tensos e carregados de embates que nos fazem, por vezes, perder a direção. A angústia às vezes me visita, e não muito tempo atrás, enfrentei uma depressão terrível. Mas olho para trás, não para cultivar a vergonha que senti. Mas para me lembrar das misericórdias. Sei que não sou merecedor, mas é justamente por isso que prossigo para o alvo.

Suicídio nunca será uma opção plausível. Se você que lê este texto já pensou nisso, não o faça. Não vale a pena conviver com isso ao longo dos anos, e não é este o plano de Deus para nós.

Hoje, com lágrimas nos olhos, não encontro palavras que definam a gratidão que há em meu coração por estar aqui, hoje.Deus foi misericordioso comigo, e me mostrou que nem mesmo o pior cenário não significa o fim. Diante do Senhor tudo pode ser transformado, e novos sonhos e perspectivas podem ser mudados.

Vivi e tenho vivido tantas coisas que nunca eu poderia imaginar. Coisas que tenho a plena convicção que não sou merecedor. Sim, ainda convivo com meu passado, que me serve de referência. Mas meu passado não me define. O perdão do Senhor me define. Claro que a vida não é um mar de rosas para ninguém, pois as lutas nos atingem, mas o perdão e a misericórdia estão presentes. Isto basta.

Sim, ainda é bem dolorido lembrar e relembrar este dia. Mas também me alegro, pois não foi meu último dia. Sim, convivo com o julgamento alheio, acusações de ser "fraco na fé" (e nem cristão eu era). Mas convivo com o Senhor que me perdoou, e Ele não me acusa do que me arrependi. E sim, eu me arrependi. Muito, e todos os dias, quando me lembro, me arrependo.

Nunca mais cometi este erro, ou sequer, pensei em cometê-lo. Reencontrei nas misericórdias do Senhor a razão de viver. E no Senhor, crendo nEle, vivendo por Ele, é impossível perder a razão de viver. Minha vida não acabou, antes, recomeçou, pautada pelo perdão, arrependimento e misericórdia! Glorificado seja o nome do Senhor por isso! Com lágrimas nos olhos, mas de gratidão!

A Brevidade da Vida

"Vocês nem sabem o que lhes acontecerá amanhã! Que é a sua vida? Vocês são como a neblina que aparece por um pouco de tempo e depois se dissipa. Ao invés disso, deveriam dizer: "Se o Senhor quiser, viveremos e faremos isto ou aquilo". Tiago 4:14-15

Lendo a epístola de Tiago, reflito, e muito, através destes versículos sobre a brevidade da vida.

De fato, não sabemos o que nos irá acontecer amanhã ou depois, há um fator de imprevisibilidade na nossa vivência. Fator que Tiago expõe com uma clareza gigante.

Penso que o fato de nossa vida ser como a neblina que aparece e em breve desaparece, deveria gerar em nós um senso mais profundo de existência. Um senso de fazermos o que tem significado diante da Palavra de Deus, e não nos perder em nossos planos, que muitas vezes, não nos levam a lugar nenhum.

Um senso de aproveitamento de tempo, não no sentido de apenas "produzir" algo, mas sim, de vivenciar com sabedoria e qualidade espiritual os nossos dias que são breves.

E assim como Tiago orienta, devemos submeter nossa vida em obediência a Deus e Sua vontade. Colocar todos os nossos direcionamentos na Presença de Deus, e saber se de fato, esses direcionamentos estão de acordo com a vontade de Deus.

E essa falta, de consciência, tem sido origem de grandes crises internas que vivenciamos.

O fato de vivermos a ansiedade da vida, tentando fazer planos miraculosos para resolver os nossos problemas, muitas vezes nos tiram da realidade do dia-a-dia da vida cristã.

E nos afastam daquilo que deveria ser prioridade para nós: viver no Centro da Vontade de Deus. Por isso hoje te proponho a pensar nesta brevidade de vida.

Como você tem aproveitado teu tempo? E teus planos, você pede orientação a Deus para saber se é isso que Ele quer para você? Qual é o significado que você tem dado a tua existência?

Reorganize as rotas, corrija os caminhos, mas faça algo, além disso: priorize a Soberania de Deus.

Entregue a Ele tua vida, confiando na orientação dEle. Apesar da brevidade dos dias, devemos viver e pautar a nossa vida em um relacionamento com Deus, de forma que a nossa vida seja para a Glória dEle sempre.

E nessa "entrega" a Deus está a nossa alegria e felicidade.

Minha oração: "Senhor, ensina-me a viver a brevidade dos meus dias com sabedoria, para que eu possa caminhar contigo. Que meus planos, sonhos e intenções estejam de acordo com a Tua Vontade para minha vida. Eu entregue a ti a brevidade dos meus dias, para que eu possa servir o Teu Reino, em Nome de Jesus. Amém."

A Culpa é minha mesmo

"Então reconheci diante de ti o meu pecado e não encobri as minhas culpas. Eu disse: "Confessarei as minhas transgressões", ao Senhor, e tu perdoaste a culpa do meu pecado. Salmos 32:5

Na caminhada da vida, bem sabemos, que muitos problemas que enfrentamos, de forma indireta ou direta, somos nós que criamos, ou oferecemos todos os subsídios para que os mesmos sejam criados. Nessa perspectiva, me pego pensando em tanta coisa que sofri, e que sei, tive culpa.

Sim, eu reconheço que a culpa é minha.

Eu errei, e errei muito. Minhas precipitações e decisões sem sabedoria causaram males terríveis à minha alma. Sim, falha minha.

A culpa é minha de ter me preocupado com quem não se preocupa com si mesmo. Errei por sofrer a dor dos outros, sendo que nem eles mesmos se importavam. A culpa é minha por ter oferecido ajuda a quem não queria ser ajudado. Com tanta gente precisando de ajuda por aí, eu errei, em não definir com sabedoria as urgências do cotidiano.

A culpa é minha por não ter priorizado o que era, de fato, importante para minha vida. Faltou sabedoria para entender o que Deus esperava de mim.

A culpa é minha de ter chamado de amigos pessoas que não eram minhas amigas. Falhei ao pensar que algumas pessoas eram irmãos, pois não eram.

A culpa é minha mesmo de ter criado boas expectativas em pessoas que só tinham o pior a oferecer. Decepcionei-me pois não fui maduro o suficiente para ler as entrelinhas dos comportamentos. A culpa é minha por ter permitido que muitos me tratassem muito mal sem motivações. Não porque acho que tinha que ter revidado, mas sim, que isso não deveria ter atingido minha alma de forma tão intensa.

Sim, a culpa é minha mesmo, e de ninguém mais. Erros desse tipo nos ensinam muito. Assim como o salmista entendeu que confessando suas culpas, ele seria perdoado, foi exatamente o que eu fiz.

Culpas assumidas e confessadas. Culpas que não pretendo carregar mais, culpas de erros que me esforçarei em não cometer mais. Culpas que ficarão no passado, mas que trarão para sempre bons ensinamentos, e a certeza que mesmo tendo falhado, Deus me perdoou. Erros que me ensinaram muito, não só em relação às minhas posturas e expectativas, mas que me deram a certeza que mesmo no pior cenário, ainda há esperança de receber perdão quando me arrependo.

Erros que me ensinaram a amadurecer, a ser menos imprudente, mas, PRINCIPALMENTE, a não desistir de oferecer tudo isso a quem de fato precisa. E a vida segue... Hoje e sempre... PARA O ALVO.

Jesus, a divindade reconhecida

"No princípio era o Verbo, e o Verbo estava com Deus, e o Verbo era Deus. Ele estava no princípio com Deus. Todas as coisas foram feitas por intermédio dele, e sem ele nada do que foi feito se fez. Nele estava a vida, e a vida era a luz dos homens; a luz resplandece nas trevas, e as trevas não prevaleceram contra ela." João 1: 1-5

O Plano de Deus para redenção, que inclui o envio de Jesus a este mundo, é a manifestação clara de Sua glória e soberania. Entender a manifestação de Jesus neste mundo entre os homens, entender sobre Sua origem, se faz necessário para que possamos caminhar de forma madura no Evangelho. E esta compreensão é o objetivo deste texto.

No Evangelho de João vemos com clareza a importância da presença de Jesus entre os homens. O Verbo que se fez carne, com certeza, não é uma criatura de Deus, é sim o próprio Deus, manifesto na forma de homem. Quão grande privilégio dos homens que ouviram pessoalmente aquele que abriu mão de Sua glória para andar entre nós. (Filipenses 2: 6-8).

Diferente dos Evangelho Sinópticos, em João vemos que antes de falar sobre o nascimento de Jesus, ele fala da presença de Jesus na criação do mundo, o que nos remete ao Gênesis. De mesmo modo vemos em Colossenses, que Cristo existe antes de tudo e que nEle, todas as coisas subsistem (Colossenses 1:17). E em (João 17:5), vemos a afirmação de Jesus a respeito de Sua existência antes da criação do mundo.

Isaías 9:2 "O povo que andava nas trevas viu uma grande luz; sobre os que habitavam na terra da sombra da morte resplandeceu a luz" já apontava a vinda de Cristo, que é a luz dos homens, luz que resplandece nas trevas. Tudo isso é coerente com o que lemos nos versículos iniciais de João. João, após afirmar a existência de Jesus na criação, fala sobre Jesus em forma de homem, colocando em evidência duas palavras: verbo e luz. O Verbo Encarnado, Jesus Cristo!

O Verbo que estava com Deus desde a criação do mundo. Ou seja, é Deus pois esteve sempre em Deus e Deus nEle. Desde a fundação do mundo, desde o plano original da salvação e reconciliação e toda a eternidade.

Entendemos que a Palavra "Verbo", em literalidade, significa: "palavra com origem no termo em Latim "verbum", que significa "palavra". Na Gramática da Língua Portuguesa, designa a classe de palavras que indicam ação, uma situação ou mudança de estado."

O Verbo Encarnado é a manifestação visível e audível das Palavras de Deus. O que Deus quer nos ensinar e deu um exemplo prático em si mesmo pois nEle estava a vida. Cristo é a Luz que resplandeceu nas trevas de nossos pecados.

A eterna Palavra de Deus, o Eterno Verbo, sempre resplandecerá na escuridão da alma e na consciência do ser humano.

E embora as trevas não tenham compreendido a grandeza e magnitude de Jesus, embora muitos homens não reconheceram, e não reconhecem a majestade do Verbo Encarnado, Ele ainda assim é um com o Pai.

Que possamos, a cada dia, dedicar um tempo a pensar e meditar nas Palavra de João acerca de Jesus, o Verbo Encarnado , a luz dos homens, que ilumina as nossas vidas, quando nos arrependemos de viver em nossa escuridão particular.

A Fé que vence o mundo

"Pois todo o que é nascido de Deus vence o mundo; e esta é a vitória que vence o mundo: a nossa fé. (1 João 5.4 Almeida Séc.21)

Estive meditando nesse belíssimo texto de João, e como sempre, fico fascinado com a riqueza de instruções que a Bíblia nos fornece.

A primeira epístola de João, em termos gerais, aponta para um direcionamento dos elementos básicos da fé. Especificamente nesse capítulo 5 vemos algumas definições excelentes a respeito de nossa conduta cristã.

Vencer um mundo corrompido, onde a sociedade, infelizmente, propaga valores errados e corrompidos, realmente é uma tarefa muito difícil.

Um mundo que perdeu suas referências espirituais, e que o ser humano, na maioria das vezes, direciona e norteia a sua vida a tudo aquilo que é corruptível e efêmero, perdendo a vida muitas vezes em uma busca desenfreada e sem limites para as conquistas materiais.

Manter a fé significa muito mais do que crer. Muito mais do que um sentimento de simpatia em relação ao Evangelho de Cristo. Muito mais do que um "pensamento positivo" para que as coisas deem "certo" e que haja o mínimo de sofrimento possível.

Vencer o mundo, em meu entendimento, tem a ver com manter os olhos fixos no Pai, mesmo que as circunstâncias do mundo te levem a não crer em mais nada.

Mesmo que as injustiças tenham te alcançado, mesmo que as dores estejam te afligindo, mesmo que você já esteja quase sem forças.

E quando tudo parece que não vale mais a pena, você continua crendo que é nascido de Deus e mantém a fé. Esta sim é uma vitória e tanto!

Porém precisamos entender que somos nascidos de Deus e também entender perfeitamente o que isso significa.

Ser nascido de Deus é ter encontrado, mediante Jesus Cristo e Sua Obra na Cruz, o significado de sua vida e existência.

Ser nascido de Deus tem a ver com uma vida de abandono do pecado. Uma vida que busca de forma sincera e lúcida viver em conformidade com a Palavra de Deus. (1 João 3:9)

Ser nascido de Deus tem a ver com viver uma vida cristã na prática: amar os irmãos e praticar a justiça do Reino (1 João 3:10).

Sim, ser nascido de Deus, diante de tudo o que vivemos e vemos em nosso dia a dia também é um desafio gigante.

E sim, é esta vitória que devemos almejar para as nossas vidas: manter a fé, com uma consciência responsável de que somos nascidos de Deus.

Convido-te hoje a pensar sobre o que este versículo nos ensina e nos direciona a praticar.

Que possamos pensar sobre a nossa responsabilidade nessa percepção, de que somos nascidos de Deus, e de que isso requer de nós um posicionamento muito firme.

Da mesma forma, que possamos nos esforçar para mantermos a fé, pois essa é a verdadeira vitória sobre o mundo.

Pense nisso.

Abatidos

"Sofremos pressões de todos os lados, contudo, não estamos arrasados; ficamos perplexos com os acontecimentos, mas não perdemos a esperança; somos perseguidos, mas jamais desamparados; abatidos, mas não destruídos;" 2 Coríntios 4: 8-9.

Não nego que por esses dias, esses tempos, tenho entendido na prática, guardadas as devidas proporções - deixo claro - o significado destes versículos escritos pelo apóstolo Paulo. A vida tem dessas coisas.

As pressões são reais, impiedosas, e certas. Seja lá qual for a razão (pregar o Evangelho, opiniões, responsabilidades) a pressão está presente. E a pressão não deixará de existir pelo fato do que sentimos, (angústias, medos, etc.) ou pelo desespero que podemos demonstrar diante dos fatos. Nossa reação não afasta essa realidade de nós.

Paulo viveu as verdadeiras aflições do Evangelho, e ensinou que mesmo diante da pressão, ele não estava entregue a angústia. Não viveu a vida em torno do desespero e da tristeza por ter vivenciado momentos complicados.

Viveu diversas tribulações sem o sentimento de derrota, amargura, ou qualquer outro tipo de dilema no que diz respeito à fé e à caminhada com Cristo.

Tenho aprendido que mesmo em meio a essas pressões, tribulações e dificuldades, que existe uma grande diferença entre CONVIVER com a pressão e SUCUMBIR à pressão. São coisas absolutamente distintas, mas que precisam ser discernidas com clareza para que nossa caminhada continue.

Porém, eu confesso: sim, eu fico perplexo com as coisas que acontecem comigo e ao meu redor.

Confesso que não é nada fácil lidar com a mentira dos homens, a inconstância dos que se sentem acima da média e que por conta disso se sentem no direito de desrespeitar os outros. A ingratidão, a falsidade, o falso moralismo, etc., etc., etc.

Não é fácil lidar com nenhum tipo de perseguição, seja lá qual for a origem ou motivação da mesma (inveja, ira, etc.).

Mas também não foi fácil para os apóstolos serem perseguidos por falarem da verdade de Cristo. Assim como não foi fácil para Jesus passar pelo que passou para nos ensinar que nossos olhos devem estar fixos nEle. Porque com os olhos fixos nEle, tudo muda.

Entendo então que o fato de eu crer em Deus nunca me isentará das responsabilidades, pressões, perseguições e tribulações deste mundo.

Mas o fato de crer em Deus me faz ter esperança e disposição de seguir na caminhada da vida CRENDO NELE, independente do que esteja acontecendo comigo e ao meu redor.

Atribulado ou pressionado? Sim, sem dúvida, eu sinto a angústia, mas sucumbir e estagnar na angústia? Jamais.

Perseguido? Sempre! Nunca deixará de ser assim. Mas sei também que Deus nunca me desamparará.

Abatido? Sem dúvida. A alma dói sim, e não posso fingir que não sinto nada. Mas ainda estou de pé, perseverando e crendo nEle, olhando para o autor e consumador da minha fé.

Alívio para a alma

"Venham a mim, todos os que estão cansados e sobrecarregados, e eu lhes darei descanso. Tomem sobre vocês o meu jugo e aprendam de mim, pois sou manso e humilde de coração, e vocês encontrarão descanso para as suas almas. Pois o meu jugo é suave e o meu fardo é leve". (Mateus 11:28-30)

Confesso que ainda hoje não encontro palavras suficientes que possam expressar o que sinto quando leio essas palavras do Senhor Jesus.

Quando medito nesse texto, minha alma encontra alívio e descanso. Encontro as respostas de todos os meus anseios e dúvidas. Encontro o renovo necessário para continuar firme em minha caminhada de fé.

Ir até Jesus, como ele disse "Venha a mim", é a certeza de uma caminhada diária com grande significado. Há de fato um propósito de grande valor quando caminhamos em direção ao Mestre.

Ir até Jesus é como encontrar um refúgio do peso que nos era imposto pela religião, no sentido literal da palavra. É muito mais do que encontrar descanso. É um refrigério, é um bálsamo que alivia as dores mais profundas de nossas almas.

É deixar para trás todo o peso desnecessário. Sim, carregamos muitas vezes um peso que não deveríamos estar carregando. O peso da culpa, de nos cobrarmos demais, de assumir a culpa dos outros e por aí vai.

E em Cristo, caminhando em direção a Ele, tudo isso se desfaz.

Tomar o jugo de Jesus é entender que o que Ele espera de nós não deve ser tomado como algo penoso ou desagradável, muito pelo contrário. Devemos encontrar a felicidade em realizar a vontade dEle, e em cumprir aquilo que Ele espera de nós.

Aprender do Mestre é um dos maiores desejos que carrego na minha alma. É minha oração diária. Meu objetivo de todos os dias. Aprender dEle, ser como Ele, ser conduzido pelos valores dEle, ouvir e praticar as orientações dEle, com humildade, que é a consciência do perdão que recebi e mansidão, que é uma das evidências da presença do Espírito Santo em minha vida.

Essa é a forma de encontrarmos o verdadeiro alívio para nossas almas.

Interessante constatar que no mundo em que vivemos, 99% das pessoas desperdiçam suas vidas tentando, em vão, saciar as suas almas, embora a grande maioria ainda não tenha nem percebido isso.

Um mundo consumista, onde as pessoas que ficam tristes ou sofrem frustrações no dia a dia, tentam amenizar suas tristezas comprando coisas, que muitas vezes, não tem utilidade nenhuma. Arrumam dívidas, gastam o que não tem por conta de uma falsa sensação de alívio momentâneo, mas que no mesmo dia, percebem que a dor não foi embora. De fato, a alma não está aliviada.

Usam as diversas distrações e substituições que o mundo oferece para a alma "doer" menos. Essas "distrações" são apenas fuga de uma realidade que não irá mudar. E que cedo ou tarde virá a tona novamente. E virá com mais intensidade.

Essas fugas se apresentam das diversas formas possíveis: sexo, bebidas, drogas, diversão sem limites. Mas que são apenas paliativos superficiais para a dor iminente, que nunca deixou de estar presente, mas que foi mascarada. Depois, a culpa, a dor, o medo, todos eles voltam.

É pior do que andar em círculos.

De forma que percebo que esse alívio da alma que Jesus oferece, ninguém, em nenhum lugar do mundo e de forma nenhuma poderia oferecer. Só o Senhor Jesus sabe, de fato, o que a nossa alma precisa e só Ele tem o que nós precisamos.

Sim, o jugo dele é suave, e o fardo é leve. Não existe leveza maior do que andar com Cristo nos caminhos suaves e tranquilos da Graça.

Caminhos de leveza, mas também de responsabilidade. Porém, uma responsabilidade leve, de um caminhar leve, de uma vida leve. Um caminhar de alívio para as nossas almas.

O fardo de Jesus alivia toda a dor do meu ser. Minha alma descansa nEle. É leve porque já não o carrego sozinho.

Descanse nEle, aprenda dEle, vá até Ele.

E encontre nEle, o alívio para tua alma

Anônimo

Jesus ergueu os olhos e, vendo uma grande multidão que vinha em sua direção, disse a Filipe: "Onde compraremos pães para lhes dar a comer?" Mas disse isso apenas para o provar, pois Ele bem sabia o que ia fazer. Filipe lhe respondeu: "Duzentos denários não seriam suficientes para que cada um recebesse um pequeno pedaço de pão." Um de seus discípulos, André, irmão de Simão Pedro, disse a Jesus: "Há aqui um rapaz com cinco pães de cevada e dois peixes pequenos; mas de que servem no meio de tanta gente?"

Então Jesus disse: "Fazei que o povo se assente"; pois havia muita grama naquele lugar. Assim, assentaram-se os homens em número de quase cinco mil. Jesus pegou os pães e, tendo dado graças, repartiu-os entre os discípulos, e para os que estavam assentados; e da mesma maneira se fez com os peixes, tanto quanto desejaram. E quando estavam fartos, disse Jesus aos seus discípulos: "Recolhei os pedaços que sobraram, para que nada se perca." (João 6: 5 -12).

A multiplicação dos peixes é uma passagem bem conhecida da grande maioria dos cristãos. Em uma manifestação de compaixão, Jesus realiza um milagre ao multiplicar os pães e peixes para que a multidão que o seguia pudesse ser alimentada.

Interessante notar que antes de fazer o milagre, ele pergunta a Filipe onde comprariam pão suficiente para alimentar aquele número considerável de pessoas. Filipe, usando o intelecto racional, diz que nem que tivessem dinheiro equivalente a duzentos dias trabalhados (1 denário = 1 dia de trabalho), não conseguiriam alimentar aquele povo todo.

André, por sua vez, disse a Jesus que tinha algo, mas que já sabia que esse algo não daria para absolutamente nada. Aí entra em cena um anônimo, um rapaz, que ninguém sabe o nome, mas que era o dono dos cinco pães e dos dois peixes, e que não negou entregar esse pouco nas mãos de Jesus.

Fico pensando que Filipe e André, que andavam com Jesus, que viram os milagres que Jesus já havia feito até o momento, simplesmente, não DISCERNIRAM, o que Jesus estava lhes perguntando quando falava acerca da multidão.

E assim é conosco hoje. Por muitas vezes, estamos tão acostumados a "andar" com Jesus de forma mecânica, e nos esquecemos de discernir as circunstâncias e perguntas que Jesus faz a nós.

Eu já cometi esse erro muitas vezes. Sofri com as consequências por não ter discernido momentos e épocas da minha vida.

Em nossos dias, as perguntas de Jesus surgem das formas mais diversas: uma oportunidade de servir alguém, uma doença que nos abate, um acontecimento inesperado, e que muitas vezes, pensamos e tentamos encontrar as soluções pelos nossos métodos, pelas nossas razões e esquecemos que estamos caminhando diante dAquele que pode todas as coisas.

Por isso, caminhar com Jesus tem a ver com a vida, mas não só em viver a vida, mas principalmente DISCERNIR a vida que é vivida diante de Cristo.

Nesse texto vemos um anônimo confiando em Jesus o suficiente para entregar a Cristo o que Ele tinha, mesmo sendo pouco.

Hoje, eu oro para que eu tenha a mesma disposição deste jovem anônimo e desconhecido. Que eu aprenda a confiar mesmo diante de algo aparentemente impossível. Que minha fé me conduza a entregar toda a minha vida nas mãos de Cristo, crendo incondicionalmente.

Que o Senhor nos ajude a discernir o caminho da vida, para que o significado das nossas vidas seja claro não somente a nós, mas também para aqueles que serão abençoados pelo que Deus tem feito em nós, através de nós, e apesar de nós.

Sigamos juntos, em oração, e discernimento.

Primeiras Coisas

"Busquem, pois, em primeiro lugar o Reino de Deus e a sua justiça, e todas essas coisas serão acrescentadas a vocês". (Mateus 6:33)

Quando leio os ensinamentos de Jesus na Palavra de Deus, sempre reservo um tempo para que eu possa orar e assimilar ao máximo a sabedoria que estavam em suas palavras. Nesta passagem supracitada, lemos uma lição de valores e prioridades que o Senhor Jesus deixou para os Seus discípulos.

Os discípulos estavam ansiosos com aquilo que chamo de "segundas coisas", que são as circunstâncias desta vida.

Acho perfeitamente razoável a preocupação dos apóstolos no que diz respeito a sobrevivência, sustento e uma condição de dignidade na vida. O problema é que essas preocupações nos consomem a tal ponto que omitimos as "primeiras coisas" que é a busca do Reino de Deus.

E essa omissão começa de modo traiçoeiramente sutil.

Quando nos damos conta, abandonamos absurdamente nossa vida espiritual e a nossa vida no Reino de Deus por conta de coisas que não deveriam estar na nossa lista de prioridades.

O anseio, o desespero, a angústia por querer ter uma vida mais "confortável" e segura podem tirar nossos olhos das coisas que de fato importam.

Nesse contexto, a instrução de Jesus surge como uma resposta para todos esses nossos anseios e preocupações. Quando buscamos o Reino de Deus em primeiro lugar compreendemos que temos um Deus que cuida de nós. Compreendemos também que toda a nossa realidade vai girar em torno de um único objetivo: a manifestação do Reino de Deus.

E isso atingirá todas as áreas da nossa vida: profissional, familiar, sentimental, espiritual, etc.

Claro que ainda assim dias difíceis surgirão, que os momentos de dificuldades serão desgastantes. Até porque, Jesus não disse que estaríamos isentos desses problemas. E muito menos que estaríamos isentos de nossas responsabilidades.

O fato é que buscando o Reino de Deus em primeiro lugar podemos ter, pelo menos, uma certeza: não seremos escravos das segundas coisas.

Podemos ter a certeza que nessa busca, encontraremos os caminhos que nos levam a uma vida que não está isenta de nenhum problema, mas que em Cristo, encontra solução para todos esses problemas.

Por isso hoje eu te convido a pensar nas primeiras coisas, ou seja, no Reino de Deus.

Não apenas a pensar, mas a rever e reposicionar as prioridades de tua vida. Não permita que as "segundas coisas" se tornem as primeiras.

Fique firme em olhar para o Alvo, mesmo no dia difícil.

Não se esqueça de ler o contexto desse texto que citamos, no qual Jesus afirma que até os lírios do campo são observados.

Sim, você é muito mais importante do que esses lírios.

Creia nisso, e siga em frente.

Selfies da Caridade

Mateus 6:3 "Tu, porém, quando deres uma esmola ou ajuda, não deixes tua mão esquerda saber o que faz a direita."

Autenticidade, honestidade nas motivações e franqueza são atributos e valores que a cada dia que passa perdem sua relevância no comportamento cristão.

Infelizmente, a internet como um todo, (redes sociais, sites, blogs, vlogs), tem sido um veículo gigante dos famosos "cantores e pregadores midiáticos" que usam do sensacionalismo travestidos de misericórdia para promoverem a si mesmos, e com um número relevante de pessoas que defendem essa postura. Gente que a título de fazer a obra, está na verdade se promovendo, e aparecendo para ser lembrando.

Esses dias até conversei com um jovem que pensava que era lúcido na questão do excesso do marketing, mas que como trabalha com um dos "autores de selfies" fechou os olhos para muita coisa. Inclusive ao fato de que o artista para quem trabalha contabiliza almas nas redes sociais, mas se não pagar um cachê e algumas hospedagens, ou se for um evento que não lhe traga algum benefício midiático, o tal artista não comparece.

Um outro dito "cantor gospel" postou que o evento foi uma benção, e que um certo número de almas haviam sido salvas... Mas como??? Será que foi ele que salvou as almas??? Como ele pode saber quantas almas se arrependeram DE VERDADE? Se é que se arrependeram, pois se é o Espírito Santo que convence do pecado, o que o faz pensar que o emocionalismo fez o papel de convencer alguém do pecado??? No mínimo, isso é incoerente.

Deixando um pouco de lado o âmbito teológico da questão, falar de Jesus não seria obrigação de todos nós? Não é mais do que obrigação falar do que cremos? Qual a vanglória que deveríamos ter por fazer aquilo que é nossa obrigação?

Quando faço esse tipo de crítica, os defensores respondem da seguinte forma: mas pelo menos ele está fazendo a obra, e você? Minha resposta: Bom, fazer a obra sem observar os preceitos do Senhor Jesus, de fato, tem validade? Se fins justificam os meios, é do Evangelho que extraímos esses valores? Se eu não posto em redes sociais as obras que eu faço (porque não sinto a necessidade de aparecer) isso dá razão a estes fazerem desta forma? NÃO!

Impressiono-me com a baixa argumentação tanto de quem pratica, quanto de quem defende esta prática. A relativização dos valores que Cristo nos ensinou, sem dúvida, é uma das maiores pragas que contribuem para o crescimento de heresias, práticas infundadas e mentiras que são disseminadas no meio cristão.

O que aprendo, e guardo comigo, acerca de tudo isso?

1) Preocupe-se em fazer as coisas diante de Deus: E fazer as coisas diante de Deus é fazer com base aos ensinamentos que Jesus nos transmitiu. No Evangelho de Marcos 1:44 e em diversas outras passagens, Jesus proibia que aqueles que receberam algum tipo de milagre realizado por ele saíssem comentando e divulgando. Se Jesus não queria essa exposição, porque tantos testemunhos são televisionados? Porque tantas selfies fazendo qualquer tipo de obra? Onde estão os valores de Cristo nessas práticas, que apenas alimentam o ego de quem as faz, por mais "bem intencionadas" elas estejam? Faça diante dEle, que não precisa desse marketing, pois Ele sonda teu coração.

2) Caminhe com a consciência cristalina do Evangelho: Independente do que você se propor a fazer, faça com a consciência de que o mérito é de Cristo. A Glória e honra é dEle, e se não fosse por Ele, nada teria sentido. Absolutamente nada. Com essa consciência sabemos que o ato de servir, embora seja carregado de gratidão, não é mais do que uma obrigação honrosa, porque a partir de nossos méritos não conseguiríamos servir como nos é devido.

Que Deus nos ajude nestes dias em que métodos, para alguns, tem mais validade do que o significado da caminhada. Dias em que a caminhada cristã tem sido relativizada.

Oremos.

Assumindo Responsabilidades

Por esses dias, tenho compartilhado com os irmãos da comunidade que pastoreio a respeito de nossas responsabilidades em relação ao Reino de Deus.

Gostaria de pedir que você pudesse ler o livro do Profeta Ageu, pois são apenas dois capítulos.

É uma leitura breve mas que apresenta um raciocínio muito profundo. O cenário do livro de Ageu apresenta as profecias ao povo depois de 14 anos que havia retornado para Jerusalém e construía o templo.

O cativeiro havia sido longo (70 anos), mas agora havia a liberdade para um recomeço de vida espiritual que consistia a reconstrução do templo para a Glória do Senhor.

Porém, o povo se perdeu em seu propósito, e não priorizou a reconstrução do templo.

No versículo 4 do capítulo 1 de Ageu está muito clara a insatisfação do Senhor: "Porventura é para vós tempo de habitardes nas vossas casas forradas, enquanto esta casa fica deserta?" Ageu 1:4.

O desinteresse iminente do povo realmente desagradou ao Pai

A insatisfação do povo ao perceber que não alcançavam um resultado satisfatório a eles também gerou passividade na responsabilidade que era devida.

Interessante que muitas vezes, nós agimos da mesma forma.

Hoje não temos mais a missão de construir um templo de pedras, mas temos que ir e pregar o Evangelho de Cristo e anunciar a Salvação, cumprir nosso chamado de cristão.

Temos que cuidar dos "templos vivos", das pessoas, apascentar, apoiar e servir.

E sim, temos nos perdido no nosso "mundinho" particular. Assim como vemos o povo em Ageu, fazemos a mesma coisa: pensamos apenas em nossa zona de conforto e não assumimos nossas responsabilidades em relação ao Reino de Deus. O encorajamento e exortação de Ageu tinham a ver com reorganizar a prioridade espiritual de Israel, e era sem dúvida uma missão e tanto.

Penso que assim como Israel, nós precisamos, de fato, reorganizar a nossa "vida espiritual". Precisamos assumir nossas responsabilidades no Reino de Deus. Não podemos ser omissos em relação a isso.

Hoje eu quero te convidar a sair da zona de conforto, a abandonar o desinteresse e a tua insatisfação, pois nenhuma dessa posição tem motivações legítimas.

Mais do que isso, te convido a um recomeço.

E eu deixo algumas sugestões para que esse recomeço tenha um objetivo definido:

Tenha uma fé constante: persevere e estude profundamente a Palavra de Deus, pois essa Palavra é o alimento mais sólido das nossas almas. É o que nos faz ter fé e certeza nos dias das incertezas. Permaneça firme em buscar conhecer a Palavra de Deus.

Reconsidere: reconsidere todas as tuas opiniões pessoais e reflita, à luz da Palavra de Deus, se essas opiniões são lúcidas. Tenha humildade para admitir tuas falhas, e principalmente para que você possa recomeçar da forma certa, que é estar no centro da vontade de Deus.·.

Tenha coragem: Sim, pois todo o recomeço envolve correr riscos. Mas por mais que você tenha medo de reviver um fracasso, isso não é justificativa para você não assumir tuas responsabilidades, pois o que está em questão é o Reino de Deus. E nessa tarefa não podemos nos omitir.

Pense nisso, leia o livro de Ageu, repense tua fé, tuas condutas, e saiba que mesmo com toda a dificuldade de um recomeço, vale a pena servir o Pai.

Ponha teu coração nesse objetivo: assumir tuas responsabilidades no Reino de Deus.

Eu estou nessa, e espero que você também.

Bora pra vida?

Bajuladores: alimentadores do ego

"O que repreende o homem gozará depois mais amizade do que aquele que lisonjeia com a língua." (Provérbios 28:23)

O livro de Provérbios apresenta ensinamentos que considero "atemporais". Riquíssimas ilustrações e princípios podem ser absorvidos e praticados, lendo estes preceitos.

No versículo supracitado, podemos compreender uma realidade severa, presente em nossa sociedade, e infelizmente, crescente dentro do ambiente cristão.

Há uma espécie de "clubismo" no meio cristão, que não consigo ver com bons olhos quando tratamos da realidade de que se somos servos, pelo óbvio, deveríamos servir. De forma aberta, para você participar de certo circuito teológico, se faz necessário bajular determinada pessoa. Se você quiser ser "bem visto" por determinados pastores, precisa atender certos "requisitos". Para conseguir acesso a certas pessoas, precisa "agradar" outras pessoas com acesso a estes, e assim vai.

O grande problema da superficialidade desse tipo relação é que, com o fim de alcançar os supostos "benefícios", muitos bajuladores têm feito seu papel nocivo no cenário cristão, alimentando egos e agindo de forma desonesta com o Evangelho e com o ambiente que os cercam.

Mais triste ainda constatar que muitos "líderes" cristãos gostam de ser bajulados. Muitos têm inclusive a necessidade de ser aceito e idolatrado. E a contrapartida é que muitos estão aí, fazendo esse trabalho imundo, de alimentar o ego, que por consequência, alimenta as piores deformidades da alma, e que impede que o "bajulado" tenha uma consciência real acerca de si mesmo.

Não quero dizer que sou contra o elogio, nem demonizo quem de fato é merecedor de um elogio sincero. O ponto aqui é que, como cristãos, temos que ser honestos, e ninguém é passível apenas de elogios. Principalmente, se esses elogios são feitos com objetivos de barganhar qualquer que seja o benefício.

Partindo deste ponto, proponho alguns pontos para reflexão acerca de quem pratica essa bajulação exagerada, quanto aquele que gosta de ser alimentado por essa ilusão medíocre, e que em nenhum ponto traduz o real sentido do Evangelho de Cristo.

Primeiro, para os que são bajuladores:

1. Não alimente o ego de pessoas doentes: o problema dessa conduta é justamente a participação do erro. É a colaboração do efeito da causa e da consequência. Um ser humano que só recebe elogios e pensa que está cima do bem e do mal tende a humilhar o próximo, a querer mandar em todos ao teu redor e principalmente não saber lidar com um confronto. Essas posturas não refletem em nada o Evangelho de Cristo.

2. Fins não justificam meios: se você tem o péssimo hábito de bajular quem quer que seja por conta de alguma vantagem, benefício, influência ou qualquer outra razão escusa, recomendo que releia o Evangelho. Perceba que não há NENHUMA referência bíblica que dê margem a esse tipo de conduta e pensamento. Na verdade, temos indicações reais do próprio Senhor Jesus, que desaprovava qualquer tipo de atitude semelhante. (Leia Mateus 20:21).

3. Boas Intenções Não Isentam Responsabilidades: se você tem essa conduta e afirma que não faz isso por mal, recomendo que pense seriamente nas consequências de teus atos. O fato de estar bem-intencionado não valida tua atitude, pois a mesma continua sendo prejudicial a quem você está bajulando. Se você realmente quer o bem da pessoa que você bajula, leve em consideração o conselho de Provérbios, e saiba que a verdadeira amizade é aquela em que verdades amargas são ditas na relação.

E para aquele que gosta e tem a necessidade de ser bajulado:

1. Se converta: Se você alimenta diretamente ou indiretamente esse tipo de conduta dos outros, você realmente precisa se converter. Se você usufrui de qualquer tipo de "status" e entende de que por conta do que você faz você merece ser ovacionado, você realmente não conheceu o Evangelho. "Assim também vós, quando fizerdes tudo o que vos for mandado, dizei: "Somos servos inúteis, porque fizemos somente o que devíamos fazer". (Lucas 17:10). Ou seja, se você acha que faz algo, considere-se inútil. Se você entende que tua postura está correta, sendo bem sincero a você, você é desnecessário.

2. Tenha maturidade: Não queira e nem permita algo que o próprio Senhor Jesus não quis. Saiba que amigos sinceros irão lhe falar verdades que podem até doer na tua alma, mas se o fazem, é porque realmente querem teu bem. A vida de um cristão maduro é pautada pelas adversidades que enfrenta face à realidade do cotidiano, primordialmente, pelas tuas reações, que são condizentes com o Evangelho.

3. Tenha consciência de si mesmo: Você é um pecador perdoado, como todos os outros. Você não está cima de ninguém. Se você faz qualquer coisa visando o Reino, você não faz mais do que tua obrigação. E nada do que você venha fazer mudará a realidade que sem a Graça Salvífica, você mereceria o inferno. Nunca se esqueça disso.

A Falsa Espiritualidade

"Vinde, e tornemos ao SENHOR, porque ele despedaçou, e nos sarará; feriu, e nos atará a ferida. Depois de dois dias nos dará a vida; ao terceiro dia nos ressuscitará, e viveremos diante dele. Então conheçamos, e prossigamos em conhecer ao Senhor; a sua saída, como a alva, é certa; e ele a nós virá como a chuva, como chuva serôdia que rega a terra. Que te farei, ó Efraim? Que te farei, ó Judá? Porque a vossa benignidade é como a nuvem da manhã e como o orvalho da madrugada, que cedo passa. Por isso os abati pelos profetas; pelas palavras da minha boca os matei; e os teus juízos sairão como a luz, Porque eu quero a misericórdia, e não o sacrifício; e o conhecimento de Deus, mais do que os holocaustos. Mas eles transgrediram a aliança, como Adão; eles se portaram aleivosamente contra mim. Gileade é a cidade dos que praticam iniquidade, manchada de sangue. Como as hordas de salteadores que esperam alguns,

assim é a companhia dos sacerdotes que matam no caminho num mesmo consenso; sim, eles cometem abominações. Vejo uma coisa horrenda na casa de Israel, ali está a prostituição de Efraim; Israel está contaminado. Também para ti, ó Judá, está assinada uma sega, quando eu trouxer o cativeiro do meu povo." (Oséias 6:1-11)

Vivemos dias de péssimo testemunho na igreja contemporânea. Dias em que o "ateísmo cristão" (pessoas que dizem que creem em Deus, mas que vivem como se Ele não existisse) está presente no ambiente cristão como nunca antes visto.

Porém, quando lemos a história bíblica nos livros dos profetas, percebemos que há muito tempo, esse tipo de pessoa que vive uma vida espiritual superficial, se fez presente em toda a história de Israel, bem como na Igreja de Cristo e até os nossos dias.

Lendo o livro do Profeta Oséias, no capítulo 6, podemos extrair lições preciosas deste discurso, que foi direcionado ao povo de Israel e que vivia um período de declínio espiritual e infidelidade. Oséias também confronta diretamente os sacerdotes e o povo, que viviam uma vida de aparência religiosa, mas que na essência, estava distante do Senhor.

Em suma, podemos analisar no texto de Oséias as características de uma falsa espiritualidade.
A seguir, proponho considerações que nos serão úteis para identificar pontos dessa superficialidade cristã.

Vida de Incoerência – "Vinde, e tornemos ao SENHOR, porque ele despedaçou, e nos sarará; feriu, e nos atará a ferida. Depois de dois dias nos dará a vida; ao terceiro dia nos ressuscitará, e viveremos diante dele. Então conheçamos, e prossigamos em conhecer ao Senhor; a sua saída, como a alva, é certa; e ele a nós virá como a chuva, como chuva serôdia que rega a terra." Oséias 6:1-3

Nestes versículos vemos nitidamente que Oséias chama ao povo ao arrependimento. Mas não apenas ao ato do arrependimento, mas sim para uma vida que prosseguir em conhecer ao Senhor. Em outras Palavras, arrepender, e corrigir o caminho que é conhecer ao Senhor.

Não adianta dizer que se arrepende, se este arrependimento não for acompanhado de mudança de comportamento, atitude, direcionamento, sentido e direção.

A falsa espiritualidade cega de forma tão intensa, que muitos realmente pensam que é possível enganar a Deus com meros discursos. Porém, diante de Deus, o discurso divergente de conduta está visível, e diante dEle, nada passa despercebido.

Espiritualidade genuína é aquela que está muito além das "palavras de efeito", é aquela que se manifesta nas atitudes e na transformação interior e que tem como referência os valores do Evangelho de Cristo.

Inconsistência – "Que te farei, ó Efraim? Que te farei, ó Judá? Porque a vossa benignidade é como a nuvem da manhã e como o orvalho da madrugada, que cedo passa. Por isso os abati pelos profetas; pelas palavras da minha boca os matei; e os teus juízos sairão como a luz," Oséias 6:4,5.

A falta de maturidade espiritual inevitavelmente conduz a uma vida carregada de inconsistência. E isso é mais comum do que se pensa. No versículo 4 está absurdamente claro que a oscilação da fidelidade é um erro terrível, e tão terrível ao ponto de que por conta dessa falta de espiritualidade sólida, o povo seria duramente confrontado em seus pecados.

E assim é hoje: cristãos momentâneos. Quantas vezes saímos de um culto/celebração com o coração carregado de uma alegria superficial, mas ao nos depararmos com os dilemas da vida, esquecemos completamente do que ouvimos. Se é que de fato guardamos algo.

Colocamos um esforço inicial em algo projeto, mas esse "ânimo" só permanece por alguns dias, às vezes nem uma semana. Compromisso com Deus se torna subjetivo, quase que um círculo vicioso de recomeço e abandono do que deveria ser prioridade.

Falsa espiritualidade não tem perseverança. E perseverar no Caminho de Cristo é VITAL para uma espiritualidade genuína.

Cristãos Impiedosos – "Mas eles transgrediram a aliança, como Adão; eles se portaram aleivosamente contra mim. Gileade é a cidade dos que praticam iniqüidade, manchada de sangue. Como as hordas de salteadores que esperam alguns, assim é a companhia dos sacerdotes que matam no caminho num mesmo consenso; sim, eles cometem abominações. Vejo uma coisa horrenda na casa de Israel, ali está a prostituição de Efraim; Israel está contaminado." Oséias 6:7-10

O problema do caminho da falsa espiritualidade é o resultado que vemos nos versículos 7 a 10. Obras infrutuosas das trevas, apostasia, falsa aparência da piedade, religiosidade morta, abominações.
Obras infrutuosas que estão em total desacordo com o que o apóstolo Paulo ensina em sua cartas aos Gálatas:

"Já estou crucificado com Cristo; e vivo, não mais eu, mas Cristo vive em mim; e a vida que agora vivo na carne, vivo-a pela fé do Filho de Deus, o qual me amou, e se entregou a si mesmo por mim." Gálatas 2:20

A conversão genuína está além da teoria. Trata-se de uma vida de fé, que é vivida na carne (cotidiano, na prática) com entendimento que Cristo nos amou e se entregou por nós. E primordialmente, que o nosso modo de viver seja coerente com esta consciência.

Portanto, sabemos que superficialidade cristã está presente na história de Israel e também atravessou a história da humanidade até os nossos dias. Porém, que possamos discernir e lutar contra esta conduta mentirosa e nos esforçarmos, mediante a graça de Deus, de viver de forma coerente com o que aprendemos do Evangelho de Cristo.

Que possamos ter coragem de abandonar as práticas da falsa espiritualidade, e que tenhamos a consciência de que precisamos viver o Evangelho Genuíno em nossa vida, com obras coerentes ao Reino, e entendimento que vivemos diante de Cristo.

Que o Senhor nos ajude.

Coisas Pequenas

"Porque, quem despreza o dia das coisas pequenas?"
Zacarias 4:10

Esses dias eu estava lendo o livro do profeta Zacarias, que em seu exercício ministerial tinha como objetivo avisar ao povo de Deus, mais uma vez, para se converterem de seus maus caminhos.

Um chamado ao Povo de Deus para voltar aos caminhos do Pai. Neste processo, o profeta Zacarias teve oito visões, cada uma apresentando um contexto relacionado à realidade do povo de Deus.

E em sua quinta visão, ele faz uma referência ao templo que estava sendo construído.

Dizem os estudiosos que, na época em que o Profeta Zacarias teve essa quinta visão, os Judeus estavam tristes porque este templo não era tão grande ou suntuoso quanto o templo de Salomão.

Havia de fato o entendimento de que quanto maior o templo, melhor ou mais valorizado ele seria. E em dado momento o profeta Zacarias questiona: quem despreza o dia das coisas pequenas?

Me pego pensando que nós hoje, por muitas vezes, desprezamos esses dias das pequenas coisas. O dia dos pequenos inícios e começos muitas vezes não tem valor nenhum em nossas vidas.

Pensamos muitas vezes que nossa caminhada com Cristo deve ser iniciada de forma absurdamente perfeita, cheia de "valores" que são vistos como primordiais em nossa vida.

Queremos sempre ser o maior, ser melhor, saber mais e conhecer mais. Porém, em se tratando de uma caminhada com Deus, precisamos entender que são nos pequenos começos que podemos construir grandes alicerces. Nessas pequenas coisas, nas pequenas experiências, devemos contemplar a atuação de Deus em nossas vidas, com o objetivo de edificarmos a nossa fé.

E pode até ser que você esteja pensando: "Mas tenho feito tão pouco", "o que eu faço para Deus é muito pouco", "eu não tenho conhecimento suficiente para tal função", e concordo que esses são pensamentos razoáveis.

É normal querer ser útil para o Reino de Deus e não se sentir apto a isso. Porém, tenha paciência com você mesmo. Comece simples, mas comece e permaneça.

Ainda que tua caminhada com Deus no início seja

"pequena", tenha a certeza que você está construindo algo gigantesco: tua alma. Você está construindo a história mais linda de todos os tempos: a tua história.

Ainda não estamos prontos e estaremos em constante aperfeiçoamento até o fim de nossas vidas.

Sim, é um trabalho e tanto. Longo, árduo, e às vezes cansativo. Mas para esse trabalho seja concluído, ele precisa ser iniciado, mesmo que teu início seja pequeno.

Não despreze o teu pequeno início. Valorize teu começo.

Desfrute do dia das pequenas coisas, e mova-se em direção a construção mais importante deste mundo: tua vida. Foi por essa construção que Jesus Cristo morreu, e ressuscitou.

Minha oração: "Senhor, ajuda-me a entender meus pequenos inícios. Ajuda-me a entender que embora esse começo seja pequeno, ele é necessário, para que eu possa vivenciar as etapas necessárias do meu amadurecimento. Ajuda-me a chegar ao fim de minha jornada mais parecido contigo Jesus".

Pense nisso!

Confie em Deus

"Assim diz o Senhor: Maldito o homem que confia no homem, e faz da carne o seu braço, e aparta o seu coração do Senhor!" Jeremias 17:5

Sem dúvida esse versículo é usado como um dos "jargões" mais conhecidos no meio cristão.

Já ouvi muita gente dizendo que existe uma "maldição bíblica" quando você acredita ou confia nas pessoas.

E isso é um perigo, porque confiar em seus amigos, esposa, marido é totalmente saudável. Há sim a necessidade de termos perto de nós pessoas em quem possamos confiar.

O que o profeta Jeremias confronta é o fato de colocarmos a esperança que deveríamos colocar em Deus nos homens, e claro, não podemos viver essa inversão de valores.

Entendendo um pouco do contexto do profeta Jeremias e de seu ministério, talvez possamos compreender com um pouco mais de clareza o que o Senhor estava dizendo neste versículo.

Primeiramente Jeremias estava falando aos israelitas que se convertessem de seus maus caminhos. Havia uma insistência em pecar por parte do povo, e esse pecado, claramente, os afastava da vontade de Deus.

E é nesse afastamento da presença do Senhor que a rebeldia nascia no coração do povo de Israel, assim como nasce até hoje em nosso coração.

Percebemos então que o fato de não reconhecermos a nossa dependência de Deus, nos leva a uma vida em que confiamos mais nos outros do que em Deus.

E bem pior do que isso: confiamos demais em nós mesmos.

Além de depositarmos, por diversas vezes, nossa confiança em outras pessoas, cometemos o ato presunçoso de confiarmos mais em nossos julgamentos, valores, e pensamentos do que no Senhor.

Auto-suficiência, soberba, orgulho: mazelas terríveis para a nossa alma, que afastam nosso coração do Senhor.

E percebo também que muitos seguem mais a homens, obedecendo cegamente a ensinamentos humanos, CONFIANDO mais nos homens do que em Deus, a título de submissão ou visão espiritual.

Falando abertamente, é duro conviver com essa realidade de perto. Duro mesmo.

É triste ver pessoas que professam uma fé extrema, fazendo tudo em nome de Deus, mas colocando os preceitos bíblicos de lado, por depositar a esperança nos homens e em si mesmo.

Lendo todo o texto e contexto deste capítulo 17 de Jeremias, o versículo 7 esclarece absurdamente o que o Senhor dizia por intermédio de Jeremias: "Bendito o varão que confia no Senhor, e cuja esperança é o Senhor".

A nossa esperança DEVE SER O SENHOR, e somente nEle devemos nortear o sentido de nossa fé, para que nossa vida não seja pautada pelo afastamento de Deus.

E o que mais me chama a atenção nisso tudo é o fato que confiar no Senhor e ter a esperança nEle e somente nEle, não é algo ruim, ao contrário do que muitos pensam.

É um verdadeiro chamado para um relacionamento íntimo com Deus. Um relacionamento de Pai e filho.

De um filho que reconhece que depende do Pai para tudo, e que sabe que tem um Pai amoroso que cuida dele.

Pense nisso, e mantenha teus olhos fixos em Deus, e somente nEle deposite tua confiança e esperança.

Não há nada melhor do que isso nesta vida ;)

Minha oração: "Pai, que eu possa confiar somente em Ti todos os dias da minha existência. Eu quero depender de Ti, quero confiar em Ti. Quero caminhar de mãos dadas contigo, como um filho, para sempre ouvir Tua voz e seguir pelos caminhos que Tu tens para mim.

Amém"

Conte as Estrelas

"*Então o SENHOR conduziu Abrão para fora da tenda e orientou-o: "Olha para os céus e conta as estrelas, se é que o podes". E prometeu: "Será assim a tua posteridade!" (Gênesis 15:5 KJV)*

Gosto muito de ler o Antigo Testamento, pois sempre reflito demais com as histórias dos personagens. Todo o Antigo Testamento é muito rico em nos dar exemplos de pessoas comuns que tiveram experiências grandiosas com Deus.

A história de Abrão (que mais tarde passaria a ser chamado de Abraão), nesse capítulo 15 de Gênesis, retrata o momento que Deus estabelece uma aliança com Abrão. A partir dali, havia um compromisso firmado com Deus, de conduzir a vida dependendo da orientação de Deus para tudo.

Porém, em destaque ao versículo acima, e observando todo o seu contexto, percebo a fidelidade de Deus, em todos os aspectos na vida de Abrão.

Ele tinha o sonho de ter um herdeiro. Era algo totalmente particular, e para alguns, pode ser que soe até como algo superficial. O Sonho de ter um filho diante da grandeza de Deus, para alguns, soa como algo secundário. Porém, era o sonho de Abrão e claramente isso significava muito a ele.

Abrão apresenta esse quadro diante de Deus dizendo ao Senhor que um criado dele herdaria seus bens. Para Abrão já era certo e definido que ele não teria filhos. Não havia mais possibilidade lógica, pois ele tinha idade avançada. Abrão não conseguia vislumbrar um outro fim para esse quadro.

Dentro das perspectivas limitadas do homem, realmente, não havia o que fazer.

Porém, além de realizar o sonho de Abrão, o Senhor o convida a contar as estrelas, que era algo impossível de se contar, para dizer a Abrão que assim seria a descendência dele. E que essa descendência viria das "entranhas" dele. Ele geraria um filho de Seu próprio sangue. E essa história, e todo o seu contexto realmente me ensina muita coisa.

Repare que o fato de Deus ter orientado Abrão a contar as estrelas, comparando o grande número de estrelas com a descendência de Abrão, nos mostra que de fato, os propósitos de Deus para nós, são maiores do que podemos imaginar.

E os sonhos de Abraão foram realizados, não pelo fato de ser o sonho de Abraão, e sim porque isto é que Deus tinha determinado para ele.

Mais do que isso, que a nossa vida deve ter um pouco mais de profundidade. Além dos nossos sonhos, que Deus também sabe e conhece cada um, existe um significado maior em tudo o que fazemos em nossas vidas. No caso de Abrão, era muito mais do que um herdeiro.

Era uma nação de herdeiros, e Abrão nem imaginava isso.

Acredito que a cada dia, o Senhor nos convida a contarmos as estrelas. Convida-nos a olhar além da lógica e da limitação humana. Convida-nos a uma vida de relacionamento com Ele, de forma que a partir desse relacionamento, nós possamos viver uma vida na qual nossos sonhos passam a ter significados mais profundos.

Uma vida que é transformada mediante a fé, mediante a uma conduta de fé. No versículo seguinte a este, vemos que Abrão creu em Deus e isso lhe foi imputado como justiça. (Gênesis 15: 6).

Sim, realmente precisamos crer mais em Deus. Crer que Ele pode fazer muito mais do que pensamos. Primordialmente, precisamos crer que Deus é o único que de fato pode dar sentido a nossa existência.

Somente em Deus encontramos o sentido de nossas vidas, sonhos, objetivos e conquistas. Somente nEle seremos plenamente realizados.

Hoje te convido a isso: conte as estrelas.

Olhe além de tuas perspectivas. Compreenda que a tua vida tem um significado maior. Tenha a experiência de enxergar algo além da tua compreensão, que na maioria das vezes é limitada.

E a partir disso, caminhe com Deus. Entregue a Deus tua vida por completo. E viva com Ele. Creia nEle, incondicionalmente. Creia que Ele pode fazer o impossível, segundo a vontade dEle.

Tenho certeza que será uma grande experiência. A maior de tua vida.

Pense nisso e ore a respeito disso. Essa tem sido minha oração.

Sigamos firmes na caminhada que nos foi proposta.

Crescendo com o Joio

"Deixem que cresçam juntos até à colheita. Então direi aos encarregados da colheita: Juntem primeiro o joio e amarrem-no em feixes para ser queimado; depois juntem o trigo e guardem-no no meu celeiro"'.
Mateus 13:30

As parábolas do Senhor Jesus são marcantes pela sabedoria que o Mestre passava através delas. Na parábola em questão Jesus apresenta o Joio crescendo com o trigo, e vários aspectos e etapas desse crescimento.

Muito tem sido falado a respeito dessa parábola pois, de fato, é possível aprender muitas coisas a respeito dessa narrativa.

Porém, hoje, eu gostaria de lançar um olhar um pouco mais reflexivo sobre uma das vertentes dessa parábola. A questão do trigo convivendo com o joio e principalmente crescer junto até a colheita.

A convivência com alguém que pode te sufocar, alguém que pode te prejudicar de alguma forma. Conviver e crescer com quem quer tomar o teu espaço, que não te respeita e que muitas vezes te afronta também.

Um questionamento comum que surge em nossas mentes no dia a dia: por que determinada pessoa tenta de várias formas te prejudicar, ou por que você é perseguido, quais são as motivações?

O pior de tudo é quando essa convivência se torna uma tortura de forma que já vi alguns amigos perderem a fé.

No contexto da parábola, é até sugerido que o joio seja arrancado mas a orientação é para que cresçam juntos. E nesse período de crescimento, de convivência, de atrito (infelizmente eles acontecem) há um tempo onde eles serão separados, mas esse tempo de separação não compete a nós.

O que compete a nós é conviver crescer com o joio, mas principalmente, não sucumbir aos atritos desta convivência.

Em outras palavras, precisamos hoje aprender a conviver em sociedade, ainda que essa sociedade seja absurdamente corrompida.

Claro que essa realidade muitas vezes nos sufoca, ainda mais nesses dias que as ideias ou pensamentos não são discutidos ou expostos, e sim impostos.

E muitas vezes a nossa opinião adversa da maioria nos coloca realmente como trigos diante de uma sociedade de joio.

Às vezes, choramos, oramos, nos magoamos, sofremos e sim, desistimos também.

Porém, como sabemos o que acontece nesta parábola , eu te peço que você continue firme.

Mas também, não alimente nenhum sentimento de revolta ou desejo de vingança, algo do tipo "um dia esses que me perturbam serão queimados."

Como homens, que possamos ter paciência nesta convivência, pois quem sabe, um desses joios precise de nós para tentar ser trigo.

Quem sabe nessa convivência, sejamos aperfeiçoados em nossa maturidade e paciência.

Quem sabe seremos agentes participantes do Reino de Deus.

Minha oração: "Senhor, dê-me sabedoria e discernimento para conviver com os que entendo que são Joios. Que Tua misericórdia não se afaste de mim e nem deles. Que eu aprenda a viver com o joio, mas que eu não me perca no meio dele. Em nome de Jesus, Amém,"

Cristãos que viram ateus

Por estes dias, tenho ouvido muito a respeito dos cristãos que de uma hora para outra abandonam integralmente a caminhada da fé Cristã. Sinais claros que a apostasia tem tomado um grande espaço em muitas igrejas, e com isso, acabamos sabendo de vários casos de pessoas que frequentavam instituições religiosas, ex-cristãos (se é que podemos usar este termo), e hoje se declaram ateus.

Um questionamento comum surge; muitos amigos da caminhada cristã me procuram para saber uma opinião acerca desta triste realidade, e por isso pretendo dar um ponto de vista sobre o tema, com a ciência de que não esgotarei as possibilidades que podem levar o cristão a abandonar a fé, mas que, ao menos, saberemos identificar alguns pontos críticos e combatê-los.

Tendo esclarecido o objetivo deste artigo, vou pontuar as queixas mais comuns que ouço daqueles que abandonaram a fé, e quais são as razões que muitos definem como decisivas para tal decisão. O que vejo como problema:

1. Falta de Firmeza Doutrinária: bem sabemos que em muitas igrejas, e muitos pastores "famosos", assim por dizer, tem abraçado abertamente a relativização da Palavra de Deus. E o perigo que consiste nesta relativização é o que leva muitos a pensarem, que Deus é um ser abstrato. Alguns interpretam as Escrituras propondo uma espécie de "Filosofia de Vida", pregando apenas o que entendem ser relevante. Isso abre espaço para diversas outras filosofias carregadas de nuances gnósticas, inclusive. Então se um membro de uma Igreja não entende a Boa Notícia do Evangelho (Isto é, Deus estava em Cristo reconciliando consigo o mundo, não lhes imputando os seus pecados; e pôs em nós a palavra da reconciliação.(2 Coríntios 5:19) e relativiza isso sem lhe dar a devida importância, o mesmo estará propenso a dar ouvido a qualquer outro ensinamento, e tomando isto como verdade absoluta.

Por isso que creio que o Ensino Bíblico é FUNDAMENTAL para o nosso cotidiano. Porque quando lemos o Evangelho focado na sã doutrina, sabemos que encontramos a Verdade inerrante na Palavra de Deus. E isso afasta outras "vozes" doutrinárias, inclusive, tira de nós qualquer possibilidade de relativizar o poder do Evangelho.

1. Decepções e Frustrações: para alguns isso pode soar como mera imaturidade. Mas é fato que muitos que têm o primeiro contato com alguma "igreja" acabam por criar expectativas surreais (provocadas pelos "pastores", ou não) e acreditam em coisas que a Palavra de Deus não está dizendo. Então, uma pessoa começa a frequentar determi-

nada igreja, e ela pensa que ali não há erros, que todos são perfeitos, que não há problemas e que tudo será como um conto de fadas em que vivemos felizes para sempre.

Cristãos maduros entendem bem que não é esta a realidade. Uma igreja, por mais bíblica que seja, é constituída por pessoas imperfeitas, que são pecadoras, mas que são perdoadas. Esperar a perfeição do ser humano, ainda que no ambiente da Igreja, é um erro primário, mas que ainda faz muito estrago em nossos dias. Tanto daqueles que não tem uma visão realista do contexto da Igreja quanto por parte daqueles que deveriam ter paciência para ajudar um irmão novo na fé a continuar caminhando.

Sem contar os severos relatos de abuso de autoridade. Pastores que são lobos devoradores que só querem tomar o máximo possível de dinheiro dos fiéis e por aí vai. Porém, o mais trágico de tudo, é que o Senhor Jesus não tem nada a ver com as mazelas cometidas pelos homens. De forma que abandonar a fé e virar ateu por conta desses problemas nos leva a pensar que a ORIGEM do problema está além das circunstâncias.

1. Como podemos esperar que motivos errados levem pessoas ao Verdadeiro Evangelho?

Eis um problema patente aos inconstantes na fé: pensam que estão no Evangelho, mas não houve conversão genuína. Cumpriram o protocolo das escalas eclesiásticas, ligaram o "piloto-automático" da denominação e pensaram que isso, em si mesmo, denota a fé.

"Porque os que dantes conheceu também os predestinou para

serem conformes à imagem de Seu Filho, a fim de que ele seja o primogênito entre muitos irmãos." Romanos 8:29

Se cremos no Evangelho, quando lemos o versículo supracitado, bem sabemos que o Senhor chama a quem Lhe aprouver, e não apenas chama, mas o mantém firme durante o caminho que nos é proposto.

1. Misticismos e Pragmatismos: A falta do conhecimento bíblico leva muitas pessoas a se sujeitar à doutrinas absurdas, de forma que muitos passam pelo abuso do excesso de autoridade porque simplesmente obedecem cegamente sem questionar nada de acordo com a Escritura.

A exaltação da "experiência pessoal" ou "visão particular" que muitos apregoam por aí tem causado um mal terrível na vida de muitas pessoas. E sei bem que é duro despertar depois de anos pensando que práticas antibíblicas não são, na verdade, nenhuma expressão do Evangelho.

Não é incomum relatos de pessoas que se dedicaram integralmente a tais práticas, e com o passar do tempo perceberem que Deus não está agindo em tais atitudes. E o nível da decepção é tão grande que entendem que é melhor não ser igreja em lugar nenhum.

O extremismo do ativismo se transforma, então, no extremismo da apostasia. E sim, infelizmente, alguns encontram um refúgio dessas decepções no ateísmo.

Portanto, como mencionei no início deste texto, não conseguirei esgotar todas as razões, mas penso que estes pontos podem trazer a nós alguns esclarecimentos, e principalmente, nos dar um "alerta" em relação a esta realidade.

Para lutarmos contra isso, eis o que tenho feito e proponho:

Pregação do Evangelho Genuíno: devemos falar da "boa notícia" do Evangelho, mas também ensinar que a boa notícia implica compreender o que era a má notícia. Devemos tratar do Evangelho na realidade da Igreja, que é formada por pessoas imperfeitas, mas que o vínculo que as une é muito maior do que qualquer coisa que as separe. "Logo a fé vem pelo ouvir, e o ouvir vem pela palavra de Cristo." (Romanos 10:17) Devemos ecoar a Palavra de Cristo sem nenhum tipo de relativização, e devemos banir dos nossos púlpitos e de onde quer que nós pregamos qualquer resquício deste "evangelho autoajuda" que é disseminado em nossos dias. Nosso esforço deve estar em sermos fiéis às Palavras de Cristo.

Evangelho Vivenciado na Igreja: devemos nos esforçar para que a Igreja seja realmente Igreja. Um ambiente de pertencimento, de perdão, de correção, de tratamento, de serviço, de oração, mútua e comunhão constante. Devemos ser cristãos maduros para ter paciência em ajudar os novos na caminhada de fé; sabemos que esse ambiente não estará isento de imperfeições, mas que podemos ensinar a caminhar a segunda milha, e amor não por causa de algo, mas acima das imperfeições.

Acredito que cuidando do básico, poderemos contribuir para o Reino de Deus, com integridade e autenticidade do Evangelho.

Que o Senhor nos ajude a lidar com este cenário, com maturidade e discernimento.

Deus vos abençoe!

Cuidados Necessários

"E as mulheres dançando e cantando se respondiam umas às outras, dizendo: Saul feriu os seus milhares, porém, Davi os seus dez milhares. Então Saul se indignou muito, e aquela palavra pareceu mal aos seus olhos, e disse: Dez milhares deram a Davi, e a mim somente milhares; na verdade, que lhe falta, senão só o reino? E, desde aquele dia em diante, Saul tinha Davi em suspeita. E aconteceu no outro dia, que o mau espírito da parte de Deus se apoderou de Saul, e profetizava no meio da casa; e Davi tocava a harpa com a sua mão, como nos outros dias; Saul, porém, tinha na mão uma lança. E Saul atirou com a lança, dizendo: Encravarei a Davi na parede. Porém Davi se desviou dele por duas vezes". (1 Samuel 18:7-11)

Esse relato interessantíssimo de Saul e Davi tem me feito meditar muito por esses dias. Impressionante quando percebemos toda a história ao redor dessa cena.

O que estava acontecendo: Davi estava sendo ovacionado por ter vencido Golias. Golias havia confrontado e desmoralizado o exército de Israel por muito tempo. E não havia nenhum guerreiro que tivesse coragem suficiente para enfrentar Golias.

Davi, entendendo todo o cenário do que essa afronta representava, enfrentou o gigante e no versículo 45 de 1 Samuel 17 deixou claro que enfrentava o gigante em Nome do Senhor dos Exércitos.

Davi derrotou Golias, e pelo que já vimos, a vitória transcendeu a questão pessoal. Não foi apenas Davi que foi vitorioso, mas sim todo o povo de Israel. E Saul deveria estar muito feliz por isso. Porém quando Saul ouve a canção das moças, onde elas diziam que Davi tinha feito coisas mais grandiosas do que Saul, ele irritou-se profundamente, e de tal forma que permitiu a assolação de um espírito maligno.

A inveja tomou conta do coração de Saul de uma forma absurda, e ele passou a ver Davi com maus olhos. Deu espaço a algo maligno em sua vida e em seu coração.

Num curto espaço de tempo, Davi que era o herói da nação, passou a ser perseguido por Saul.

Davi sofreu uma perseguição absurda por parte de Saul, e Saul perdeu a oportunidade de ver seus filhos no trono, e acabou dando conta de sua vida de forma trágica. Relato que você pode ler nos capítulos finais deste mesmo primeiro livro de Samuel.

Tudo isso porque Saul permitiu que algo maligno dominasse seu coração. Porque a inveja, orgulho e soberba o cegaram de tal forma que não conseguia mais ver nenhuma situação com clareza.

Por conta de não guardar o seu coração, foi atormentado por um espírito maligno.

Infelizmente é o que muitos de nós estamos fazendo em nossos dias.

Ficamos tristes, abalados e irritados quando ouvimos alguma coisa que não nos agrada e acabamos dando espaço em nosso coração a sentimentos que não tem a origem em Deus.

Agimos guiados pelas nossas invejas, frustrações e mágoas e andamos por um caminho que não nos leva em direção a Deus. Ao contrário, nos leva para mais longe ainda de uma caminhada com o Pai.

E assim, temos uma situação de grande conflito a pensar.

Que se permanecermos assim podemos ter um fim tão trágico quanto o de Saul. Muita coisa poderá morrer dentro de nós gradativamente.

Nossa vida com Deus pode ir ao fracasso se continuarmos alimentando esses sentimentos nocivos.

Por isso entendo que temos alguns cuidados necessários a tomar para não passarmos por esse caminho que Saul seguiu:

Confronte-se abertamente: coloque todos os teus sentimentos diante de Deus, e seja aberto para transformá-los. Confronte e coloque em questão quais são as tuas motivações. Se você tem alimentado sentimos por conta de deformidades na tua alma, busque a mudança disso com muita oração e meditação na Palavra de Deus.

Mantenho o Foco em Cristo: Cristo sempre deverá ser o nosso objetivo em toda e qualquer circunstância. Se algum sentimento ou reação que você tenha não refletir a luz de Cristo, esse é o indicativo que há algo que precisa ser revisto e pensado.

Frutos do Espírito: quando vivemos buscando desenvolver os frutos do Espírito Santo, descritos em Gálatas 5: 22 "Mas o fruto do Espírito é: amor, gozo, paz, longanimidade, benignidade, bondade, fé, mansidão, temperança". Quando nos dedicamos a isso, é muito difícil que tenhamos tempo de alimentar sentimentos malignos.

Eu convido você a pensar em tudo isso que foi exposto nesse texto.

Reavalie teu coração, tuas posturas e ajuste o que for necessário. Não se perca.

Vale a pena ser honesto nesse confronto.

Pense nisso.

Bom Procedimento em Cristo

"Fazendo-o, todavia, com mansidão e temor, com boa consciência, de modo que naquilo em que falam contra vós outros, fiquem envergonhados os que difamam o vosso bom procedimento em Cristo" (1 Pedro 3: 16)

De tempos em tempos, na caminhada da minha vida , me deparo com um assunto que ainda assombra a mente de muitas pessoas: as críticas e o julgamento de outras pessoas. Muitas pessoas acabam conhecendo o Evangelho,e buscam em Jesus e na Igreja a solução de seus problemas, bem como a cura da alma, vícios, etc.

Esforçam-se a buscar uma vida que seja pautada pela paz de espírito, ou buscam com certa ansiedade a ausência de problemas.

Alguns vivem um verdadeiro dilema de fé, quando veem outras pessoas, criticando, criando contendas, ou difamando abertamente o seu comportamento.

E algumas dessas maiores críticas parte de próprios cristãos, que se julgam acima do bem e do mal.

Infelizmente, a maioria das vezes, essas críticas são oriundas da inveja, da falta de amor, da soberba, etc.

Lendo o texto bíblico citado, e todo o seu contexto (recomendo a leitura de 1 Pedro 3: 13-22), está explicitamente claro que o Apóstolo Pedro diz a respeito desta situação.

Entendo que existem alguns pontos merecem nossa atenção, em se tratando de nossa conduta.

É preciso ser extremamente franco sobre isso.

Sim, nós somos julgados por terceiros segundo uma perspectiva de valores que não é a nossa.

Sim, somos julgados porque agimos e pensamos de forma diferente da maioria, e o que é mal compreendido pelos outros tende a ser visto como incorreto.

Sim, somos julgados, muitas vezes, porque erramos. Sim, erramos. Não somos perfeitos.

E acabamos sofrendo porque muitas vezes, queremos tanto viver em paz com as pessoas, que fazemos de tudo para agradar o ponto de vista de terceiros, numa tentativa surreal de sermos "querido" por todos.

Por fim, esquecemos do fundamental: nossa vida com Deus.

Porém Pedro nos deixa algumas instruções preciosas, para que possamos lidar com esse "julgamento" de forma madura.

Mansidão e temor, e uma boa consciência.

Em outras palavras: tenha paciência, consciência e bom ânimo ao lidar com as críticas.

Entenda que isso faz parte de nossa caminhada cristã.

Sempre haverá pessoas para criticar, isso faz parte da natureza do ser humano.

Ninguém está livre disso.

Precisamos da mansidão para não reagir de forma impensada e do temor a Deus, para proceder de forma correta.

Dessa forma, o Bom Procedimento em Cristo está claro aos nossos olhos.

E faço um convite para a prática deste Bom Procedimento.

Veja bem, Cristo sofreu o escárnio da Cruz! Foi humilhado, exposto, criticado, ofendido... Mas em Sua boa consciência, sabia o que estava fazendo, e para QUEM estava fazendo.

O Bom Procedimento de Cristo está em fazer a vontade do Pai. Fazer a vontade do Pai consiste em dizer não para muitos comportamentos.

Fazer a vontade do Pai, por vezes, gera críticas. Não se assuste com isso. Se depender de você viva em paz. Não seja você o causador dos problemas.

Mas se há alguma preocupação em agradar alguém, preocupe-se em agradar a Deus.

No demais, conviva, perdoe, releve... mas seja livre. Caminhe de acordo com o bom procedimento em Cristo.

Minha oração: " Senhor, ajuda-me a agir de forma que minha postura seja maior do que as críticas que fazem contra mim. Que eu possa ter o Teu comportamento diante dessas acusações. Que eu não carregue em meu coração nenhuma mágoa decorrente dessas críticas."
Sigamos juntos!
Em oração, sempre!

O Evangelho de Cristo e Seu Chamado

> *"Porque não me envergonho do evangelho de Cristo, pois é o poder de Deus para salvação de todo aquele que crê; primeiro do judeu, e também do grego. Porque nele se descobre a justiça de Deus de fé em fé, como está escrito: Mas o justo viverá pela fé."*
> Romanos 1:16;17

A excelente epístola de Paulo aos irmãos da Igreja em Roma nos ensina muito acerca das características do chamado do Evangelho. Nos versículos que lemos, no início deste pequeno artigo, notamos que o Apóstolo Paulo nos ensina que o Evangelho é poder de Deus, manifesto, que salva os pecadores pela fé.

Através dos escritos de Paulo no Novo Testamento, pretendo sugerir alguns pontos relevantes acerca do chamado do Evangelho em relação ao homem. Pontos vitais para a centralidade da Mensagem do Reino. Pontos que entendo que devem estar presentes em todas as pregações/mensagens/estudos que anunciam o Evangelho do Reino.

1. Consciência do Pecado – O Evangelho deve ser pregado de forma que o pecado seja exposto, com a finalidade de trazer entendimento da condição real do homem diante do Pai, e do arrependimento genuíno por conta de nossos pecados. A bíblia nos ensina que todos nós pecamos, e que existe uma recompensa terrível ao pecado, que é a morte.

"Porque o salário do pecado é a morte, mas o dom gratuito de Deus é a vida eterna, por Cristo Jesus nosso Senhor." (Romanos 6:23). Porém, o Evangelho traz uma resposta a este problema, que é a Graça Salvífica. Deus enviou Cristo para que, mediante o sacrifício da Cruz, o homem fosse reconciliado com Deus.

Como lemos em Romanos 5:8 "Mas Deus demonstra Seu amor por nós: Cristo morreu em nosso favor quando ainda éramos pecadores." Portanto Entendemos que o anúncio do Evangelho consiste não apenas em apontar um problema, mas sim em oferecer a solução a um problema que somente Deus poderia resolver.

1. Convite a um Relacionamento Genuíno – Lemos no Evangelho que a resposta de Jesus é diretamente pessoal. Mateus 11:28 "Vinde a mim, todos os que estais cansados e oprimidos, e eu vos aliviarei.". Convite pessoal ao alívio da alma, convite pessoal a uma vida de relacionamento e liberdade sem o peso da religião.

Sabemos também que há no Evangelho um chamado para a renúncia de si mesmo, o que coloca em evidência que nossa vida, mediante a um relacionamento profundo com

Cristo, nos ensina a ser com ele, e deixar para trás os valores nocivos que carregávamos em nosso interior.

1. Consciência do Perdão – O Chamado do Evangelho aborda a obra da Cruz, que aponta a grandiosidade do perdão imerecido que recebemos. Lemos em Atos 3:19 "Arrependei-vos, pois, e convertei-vos, para que sejam apagados os vossos pecados, e venham assim os tempos do refrigério pela presença do Senhor".

Arrependimento e conversão se fazem necessários para que possamos entender a dimensão do perdão. Não há dúvidas que recebemos o perdão pelo que era imperdoável. O justo morreu pelos injustos. E em todo compêndio filosófico, escritos da antiguidade e em qualquer conjectura possível, nunca uma expressão tão grande de amor foi manifesta de forma tão grandiosa.

Concluo, portanto, que a o chamado do Evangelho ao homem apresenta motivos para nos dedicarmos com integridade ao anúncio do mesmo.

Que possamos proclamar o Evangelho confrontando o pecado, ensinando o arrependimento, apontando o Novo Caminho em direção a Cristo, para que neste caminho, possamos viver com consciência e responsabilidade diante do perdão que recebemos.

Que o Senhor nos ajude, a viver esta realidade, e a proclamar esta verdade sempre.

Pão Secundário

Mateus 4:4 "Ele, porém, respondendo, disse: Está escrito: Nem só de pão viverá o homem, mas de toda a palavra que sai da boca de Deus."

É impressionante como cada palavra do Senhor Jesus, cada situação, cada expressão da vida dEle enquanto andou entre nós é capaz de nos ensinar e de nos direcionar a caminhos diferentes do que pensamos.

Após ser batizado, Jesus foi levado ao deserto para ser tentado. No texto bíblico acima, vemos a resposta de Jesus a Satanás, no momento de sua primeira tentação.

Após um período de 40 dias em Jejum , Jesus sentiu fome. Satanás tenta induzir Jesus a ordenar que as pedras virem pães para que a fome de Jesus fosse saciada.

Olhando por uma perspectiva um pouco mais fria, talvez, ordenasse que as pedras virassem pães não seria uma aberração. Jesus com certeza poderia fazer esse milagre. Na Bíblia lemos que ele multiplicou pães e peixes, então , ele poderia fazer isso.

Para quem já passou fome na vida, não seria um pedido irracional ou desonesto. Afinal, qualquer ser humano que está vivo, sente fome. E eu que já passei situação de não ter o que comer, sei bem que não é nada fácil sentir isso.

Surpreendentemente, Jesus, mesmo com fome, responde que nem só de pão viverá o homem, mas de toda a palavra que sai da boca de Deus. Uma resposta que provavelmente ninguém que estivesse com fome iria dar.

Jesus deixa claro que muito mais que o físico, o que mantém o homem verdadeiramente vivo, é a vida espiritual, ou seja, aquilo que vem de Deus.

O pão, em termos de sobrevivência, torna-se secundário.

Claro que não estou dizendo: "Pare de se alimentar, e apenas leia a Bíblia".

O que estou dizendo é que Jesus nos ensinou o que deve ser prioridade. E ensinou isso em um momento em que Seu físico padecia da necessidade física. Ensinou que nossa maior preocupação, foco, objetivo, desejo, consciência, deve ser o que sai da boca de Deus.

Hoje, penso que não só o pão deve se tornar secundário, mas muitas coisas que por vezes pensamos que são necessidades extremas. Oro hoje para ter discernimento sobre o que me é necessário para SOBREVIVER. E o resto, literalmente , é o resto.

Ponha sua boca no pó

"Ponha a sua boca no pó; talvez ainda haja esperança". (Lamentações 3:29)

Lendo o livro das Lamentações eu fico fascinado ao ver uma sinceridade absurda por parte deste profeta.

Na ocasião do texto, a situação era devastadora. Nabucodonosor, imperador da Babilônia, havia invadido Judá e tinha acabado com Jerusalém.

Uma cidade que havia lutado com unhas e dentes pelo seu lugar nessa terra, sofria o impacto da escravidão, onde famílias foram separadas e desfeitas por conta do pecado e pela ingratidão de Israel para com o Senhor.

O lamento de Jeremias é profundo e é possível notar nas expressões do profeta uma tristeza sincera pelo quadro que ele presenciava naquele momento.

Sim, o distanciamento de Deus fez Israel ser despedaçado.

Espanto-me ainda mais como o lamento de Jeremias é absurdamente atual.

Ele lamentava pelo pecado de Israel, o mesmo pecado que hoje contamina a grande maioria dos que se dizem cristãos.

Lamenta também pela omissão de alguns profetas que não alertaram o povo do pecado como vemos claramente em Lamentações 2: 14 "Os teus profetas disseram coisas tão insensatas, inteiramente alheados das questões fundamentais! Nem sequer tentaram salvar-te da escravidão, denunciando os teus pecados. Antes calmamente diziam que tudo ia bem."

Honestamente, parece um quadro de nossos dias. Ou não?

Nunca o pecado foi tão aceito livremente e nunca houve tanta omissão dos "profetas" em denunciar o pecado.

E sim, todos nós estamos inseridos nesse contexto. Não há inocentes nesse quadro.

E em meio a esse lamento tão visceral de Jeremias, duas observações saltam aos meus olhos:

Ponha sua boca no pó: em outras palavras, arrependa-se, ore de verdade, com sinceridade e humildade diante do Pai. Rasgue o teu coração na presença do Pai.

Creio do fundo de minha alma que é exatamente disso que precisamos: Arrependimento.

Não existe relacionamento sincero com Cristo se não nos arrependermos de nossos pecados. E esse arrependimento deve ser diário.

Talvez assim haja esperança: Sim, talvez arrependido, buscando não mais pecar, talvez dessa forma haja esperança.

Quando lemos na Bíblia a história de Israel após esse episódio, sabemos que houve um perdão da parte de Deus para com Israel, e que o império de Nabucodonosor (Babilônia) foi destruído.

Israel reconheceu que havia uma mudança a ser feita e aproveitou a oportunidade dada por Deus para um arrependimento sincero.

Assim como nós devemos fazer hoje também.

Devemos reconhecer e aproveitar diariamente as oportunidades que temos para nos arrepender dos nossos pecados.

Devemos olhar para nossa vida e com sinceridade devemos admitir onde erramos, onde falhamos, onde pecamos para que esses erros sejam abandonados.

Sim, eu acredito que ainda há esperança para mim. Assim como acredito que ainda há esperança para você também.

Arrependimento, mudança de direção, conversão genuína e perdão.

Passos diários para nós... e é nesse caminho de esperança que pretendo seguir.

Pense nisso!

Em amizade e oração!

Abraço!

Posturas Recomendadas a um Músico Cristão

O músico cristão é aquele que serve a Deus no ambiente da igreja, sendo integrante da banda ou grupo, que canta hinos e louvores no período litúrgico da celebração. Como músico que sou, em meu início da caminhada cristã, cometi erros severos e vi muitos equívocos acerca do exercício do ministério cristão relacionado a música. Erros que partiram dos músicos, dos pastores e das tradições e hábitos que não têm o menor resquício que possa se dizer que seja algo oriundo do Evangelho.

Um erro que percebo ser comum é a "divinização" dos músicos. Não se pode corrigir ou criticar uma postura errada do mesmo. Parte deste problema tem como origem o medo que alguns pastores têm de ficar sem o músico na igreja e o culto não ser celebrado "da melhor forma".

Essa "divinização" também passa pela falta de compromisso e pertencimento em relação a igreja local. Muitos músicos vão, tocam no culto, e não se envolvem em nenhuma outra atividade da igreja. Na caminhada conheci pouquíssimos que se interessavam pelo Estudo Bíblico. Vocês já viram um alto número de músicos que tocam na celebração, mas que não participam do resto do momento do culto, não ouvem a Palavra. Esse comportamento não passa de mero ativismo, de pessoas que entendem que a música é um fim em si mesmo, e não parte do contexto, parte do culto, ou como uma forma de servir a Deus.

Não quero que entendam que esse artigo é legalista. Mas tendo em vista que a intenção é sugerir algumas posturas para os músicos VERDADEIRAMENTE Cristãos, se faz necessário tocar em uma ferida aberta há muito pelos modismos da igreja de nossos dias. E infelizmente isso acontece na maioria das denominações.

Músicos intocáveis, que não podem ser corrigidos, indisciplinados, mas que ao que tudo indica, se tornaram uma espécie de "mal necessário" para alguns pastores. É triste dizer isso, mas pelo fato de ter vivido mais de doze anos nesse ambiente, não posso fingir que esse problema não é grave.

Tendo isto em mente, eu gostaria de sugerir algumas posturas aos músicos cristãos que entendem que servir a Deus vai muito além do tocar o instrumento com maestria ou cantar muito bem.

Preze pelo Evangelho nas Músicas: Para prezar pelo Evangelho nas músicas, é necessário estudar a Palavra de Deus. Por mais óbvio que possa parecer, parte da essência do ministério de música tem que estar diretamente ligado com a sã doutrina. E só é possível fazer isso com muita dedicação na leitura e interpretação correta dos textos bíblicos.

Viva o que canta, e se esforce para viver essa realidade: O mundo gospel é recheado de péssimos exemplos de músicos/cantores cristãos, que arrastam multidões, e que vivem uma vida distante dos frutos do Espírito Santo. Considero isso um câncer que precisa ser exterminado do meio da Igreja. Muitos não entendem que o testemunho cristão, na vida dos músicos, é produtivo no sentido de edificar a vida de outros irmãos que pertencem ao mesmo ambiente de celebração ou igreja local.

Dedique-se no desenvolvimento técnico: Já ouvi de muitos músicos a seguinte frase "O que eu sei está muito bom para Deus". Eu discordo dessa lógica pelo fato de que nada que nós fizermos será bom o suficiente. Porém, como cristãos maduros, devemos ser coerentes com a atividade que nós assumimos junto ao serviço cristão. Da mesma forma que um jovem pregador entende a necessidade de aprofundar seu conhecimento bíblico, teológico, e busca se aperfeiçoar em sua comunicação, também o músico/cantor deve buscar evolução técnica e contínua com objetivo único: SERVIR COM QUALIDADE E EFICIÊNCIA. Oferecer o melhor, não está em tocar mais vezes na escola da semana na igreja, mas sim, em ter a consciência de que há uma busca qualitativa, que deve ser acompanhada da mesma forma na vida espiritual, para servir aos irmãos.

Envolva-se integralmente com a Igreja Local: não faça como muitos que tocam e ponto final. Procure se envolver em outros ministérios na tua igreja. Desenvolva projetos, participe de outros ministérios se for possível. Conheço pessoas que utilizaram um horário do salão da igreja para oferecer aulas de fundamentos musicais para jovens de periferia que não tem como pagar aulas de música. Vá além da parede imaginaria que muitos colocam no ministério de música. Sirva além,

Saiba o teu lugar no ministério: um dos males dos músicos cristãos é a desnecessária vontade de aparecer mais do que tudo no momento do culto. Obviamente que entendo acerca da estrutura musical e sei que tem músicas que tem solos, um destaque especial para determinado instrumento, e não vejo problemas nisso. O problema é que muitos entendem que estão literalmente num show e se excedem, em todos os sentidos possíveis desta palavra, para que o destaque daquele momento sejam eles. Tive o desprazer de ver um "ministro de louvor" certa vez dizendo que Deus estava derramando sobre o altar novos instrumentos, e isso levou um guitarrista a quebra a guitarra no momento do culto, atitude esta que escandalizou muitas pessoas no culto.

Torno a dizer que este artigo não se trata de mandamentos. Mas sim de sugestões lúcidas para que o músico cristão desenvolva o papel designado de forma coerente a refletir a Glória de Deus em tudo o que o músico se propuser a fazer.

Minha oração é para que haja um resgate nos valores dos músicos cristãos, para que estes glorifiquem a Deus no serviço ministerial, em suas vidas, e sendo benção para o Corpo de Cristo na Igreja Local.

Razões da Esperança

"Antes, santificai a Cristo, como Senhor, em vosso coração, estando sempre preparados para responder a todo aquele que vos pedir razão da esperança que há em vós." (1 Pedro 3:15)

Esse texto escrito pelo apóstolo Pedro apresenta ao longo de seu contexto um pensamento muito interessante. De forma geral, Pedro pede aos irmãos uma atenção especial no que diz respeito ao amor fraternal.

Amar os irmãos, conviver em paz, ser prudente no agir, no falar, no domínio próprio, distanciamento do mal, com a certeza que os olhos do Senhor estão atentos a tudo isso.

Principalmente que não houvesse o medo de que algo errado pudesse acontecer. E ainda assim, se sofressem danos por conta da justiça seriam bem-aventurados.

E que antes de temer o mal, que santificássemos a Cristo em nosso coração.

O que isso quer dizer?

Entendo hoje que santificar a Cristo em nosso coração significa preservar o nosso coração firme nos propósitos e direções de Deus e de Seu Reino.

De forma que nenhum medo ou insegurança pudessem falar mais alto dentro do nosso coração.

Crendo e confiando sempre que Deus está vendo tudo, e importa confiarmos nEle preservando, perseverando e mantendo intacto o lugar de Cristo em nosso coração e em nossa vida. E que diante de tudo isso possamos estar preparados para os questionamentos que virão , e inevitavelmente virão, a respeito das razões e motivos de nossa esperança.

Não estou aqui "profetizando" nada de ruim para a tua vida. Mas é uma constatação: um dia você será questionado sobre o que você acredita, e sobre o porquê você acredita. E aqui te pergunto, não para te afrontar, mas para te fazer pensar: quais são as tuas razões?

As razões da nossa fé santificam a Cristo em nosso coração, quando são pautadas pelos valores de Cristo. Quando o mandamento de Cristo for a nossa prioridade: Amar a Deus sobre todas as coisas e o próximo como a ti mesmo. Quando viver a vontade do Pai for mais importante para nós do que qualquer outra coisa. E isso é muito sério. Muito sério mesmo.

Por isso meu convite hoje é que você possa Santificar o Senhor Jesus em teu coração, deixando de lado tudo o que te impede de viver essa verdade. E que com temor e mansidão possamos responder com sabedoria aos questionamentos de nossa fé. Que possamos responder com a nossa vida a verdade de Cristo diante deste mundo que vivemos.

Que possamos nos esforçar viver as orientações de Pedro com a finalidade de fortalecer as nossas razões e motivações. Santificar o coração, mansidão e temor a Deus , e razões da nossa esperança : metas para os nossos dias.

Minha oração: "Senhor Jesus , ajuda-me a santificar ao Senhor dentro de meu coração. Desejo estar firme na Tua Palavra para que a razão da minha esperança seja visível, em minha vida, e através de minha vida. Que eu possa encontrar em Ti, todos os dias, razões para acreditar. Obrigado pelo Teu amor por mim. Amém."

Pense nisso.

Prioridades

Mas, buscai primeiro o reino de Deus, e a sua justiça, e todas estas coisas vos serão acrescentadas. (Mateus 6:33)

Todo o cristão maduro e consciente de seu papel nesta terra deve ter bem claro em sua mente quais são suas prioridades.

Prioridade significa: eleger o que vem em primeiro lugar, ou seja, o que mais importa para nós.

Nesse único versículo, o Senhor Jesus deixa absolutamente claro o que deve estar em primeiro lugar em nossas vidas.

O reino de Deus e Sua Justiça.

Essa foi a instrução aos seus discípulos diante dos desafios diários, que são pertinentes a todos nós: vida pessoal, independência financeira, construir uma carreira.

Os discípulos estavam preocupados com o que iriam se vestir ou o que comer, assim como nós nos preocupamos com nossas contas, ou em construir um futuro um pouco mais confortável.

E associar nossa vida extremamente corrida, com uma vida de relacionamento com Deus, torna-se um desafio.

Um desafio a ser entendido e priorizado.

Muitos entendem que "buscar o Reino de Deus" é isentar-se das responsabilidades da vida, como trabalhar, buscar um sustento digno para família, etc.

Infelizmente, é comum nos depararmos com pessoas presas ao ativismo de algumas igrejas.

Pessoas que vão a igreja todos os dias da semana, chegando ao ponto de passar o dia inteiro dentro da igreja, ou todos os dias em "vigílias" e em evento após evento, com a desculpa, de estarem buscando o Reino de Deus.

Em contrapartida, alguns buscam a vida de "realizações", onde o ter é mais importante que o ser.

Uma vida pautada pelo consumismo e egoísmo, e o espaço que o evangelho deveria ocupar é integralmente omitido, vivendo apenas para o trabalho e manutenção do que se conquistou.

Creio que não era essa a ideia de Jesus em relação a todo o contexto do capítulo em questão.

Penso que a linha de raciocínio de Jesus tinha a ver com algo simples e que ele mesmo explica no versículo 21 do capítulo 6: "Porque onde estiver o vosso tesouro, aí estará também o vosso coração.".

Ou seja, não é errado trabalhar, buscar construir uma

vida financeira razoável, conquistar seus sonhos pessoais. Na verdade tudo isso é muito digno.

O ponto que Jesus diz é que todas essas coisas não devem ocupar o lugar de Deus em nossas vidas. No sentido de vivermos apenas em função dessas coisas.

A nossa prioridade deve sempre ser o Reino de Deus, onde a vontade dEle sempre permaneça, e Sua Justiça, que é a justificação dos nossos pecados pela Sua morte na Cruz.

As buscas e ansiedades fazem parte da vida. Através disso, aprendemos a viver, adquirimos experiência e maturidade.

Entretanto, devemos nortear a nossa vida em apenas uma realidade: a vontade de Deus.

De forma que nada, absolutamente nada, tome o lugar de Deus em nosso coração.

Priorizar o Reino de Deus e Sua justiça tem a ver com priorizar a comunhão com os irmãos, o serviço, a existência da Igreja.

É isso que você tem priorizado? Eu espero que sim.

Minha oração: "Senhor, que em meu coração estejam bem claras minhas prioridades, que é o Teu Reino e Tua justiça. Que eu possa dar um significado em minha existência servindo, amando, e ajudando a propagar o Teu Reino. Amém"

Deus te abençoe, hoje e sempre!

Busque o Reino, e seja responsável.

Religião Particular

"Por que vocês me chamam 'Senhor, Senhor' e não fazem o que eu digo? (Lucas 6:46)

Com certa dose de tristeza , percebo nos nossos dias que muitas pessoas tem vivido uma ilusão terrível no que diz a respeito a relacionamento com Deus.

Um misto de excesso de informação inútil, soberba, falta de sabedoria e falta de maturidade tem feito com que muitas pessoas criem para si mesmas uma religião particular, ou seja, um "ambiente" em que estes dizem que servem a Deus, mas só naquilo que lhes agradam, ou pior, só naquilo que eles acham que está certo.

Uma tentativa de relacionamento onde a presunção chega ao ponto de tentar "moldar" Deus a partir da perspectiva individual. Em outras palavras são aqueles que ecoam em suas mentes: "Sirvo a Deus do meu jeito". Entendo isso como ilusão pois todo esse contexto gera uma aparência de vida real, mas que está muito distante do Caminho de Cristo.

Primeiro, porque é muita presunção achar que nós, seres humanos, a partir de nós, sem a leitura bíblica honesta, seríamos capaz de limitar a Deus nas nossas percepções.

Segundo porque Jesus direciona essa palavras supracitadas aos Seus discípulos , deixando de forma absurdamente clara, que não adianta chamar Jesus de Senhor e não obedecer o que Ele ensina.

Não adianta fazer um belo discurso com atitudes que não são coerentes com o discurso ou o que motiva o discurso.

Portanto, oro hoje, para que possamos ser sinceros em nossa consciência, para deixar essa religião que por vezes criamos conscientemente ou sem nos darmos conta disso.

Seguir os passos de Cristo tem a ver com renúncia diária do "eu", tem a ver com discernimento do que Jesus espera de nós, tem a ver com a consciência do IDE e PREGAI, mas também com o testemunho cristão de seres humanos imperfeitos, que somos, mas que caminham, todos os dias RUMO AO ALVO.

Abandone toda religião criada a partir de si mesmo.

Voltemos os olhos ao autor e consumador de nossa fé.

Sigamos em frente...

Que nada nos Falte

Temei ao SENHOR, vós os seus santos, pois nada falta aos que o temem. (Salmo 4:9 KJV)

Costumo dizer que o livro dos salmos nos leva a ver a alma humana diante das questões e perplexidades do cotidiano. É incrível como podemos refletir e aprender muito quando entendemos os contextos que são expostos.

Sobre o salmo 34, interessante saber que ele foi escrito quando o Rei Davi passar por um momento de dificuldades. Momento em que ele fingiu ser "louco" diante do rei Abimeleque, história que pode ser lida no Primeiro Livro de Samuel, capítulo 21. Após Davi sair da presença deste rei, Davi escreveu esse maravilhoso Salmo, no qual ele coloca em evidência a sua lucidez.

Especificamente hoje estive meditando no versículo 9, que fala acerca de não ter falta de nada, ou não ter necessidade de coisa alguma. Claro que Deus cuida de seus filhos ao ponto de providenciar alimento e mantimentos para nós.

Importante reconhecer que Deus tem sustentado nossa vida.

Porém gosto de pensar que muito mais que o alimento físico, o que devemos buscar diante de Deus é o constante temor e consciência que sem Ele, não é possível enfrentar a jornada da vida em todas as suas vertentes e ramificações. Hoje, pensando em como preciso a cada dia temer ao Senhor em consciência e atitudes, peço a Deus que nada me falte.

Que não me falte disposição de viver de acordo com o creio, muito embora isso traga incompreensões, julgamentos, não aceitação de muitos que convivem comigo. Que não me falte disposição em seguir o caminho de Cristo, até o fim, com discernimento e prioridade, pois é neste caminho que a vida tem sentido.

Que não me falte coragem de enfrentar o dia das más notícias, o dia das tristezas, o dias das derrotas. Que não me falte coragem de permanecer firme no Alvo mesmo quando não houver nenhuma razão lógica para isso.

Que não me falte alegria de sorrir após a noite de choro, pois as ricas consolações do Pai se manifestam. E isso é mais do que suficiente. Que não me falte o equilíbrio e lucidez, de que devo temer a Deus, não porque espero que Ele faça o que eu quero, e sim porque quero obedecê-LO por tudo o que fez e por tudo o que Ele É!

Que não me falte maturidade cristã de perdoar, e principalmente, ser perdoado. Pois sei que erro, e muito mais do que queria. Por isso ser perdoado é parte da rotina. Que não me falte consciência que ainda estou aprendendo. E tenho muito o que aprender até aquele grande dia... Pense sobre isso! E ore também.

Que não nos falte tempo, para dedicarmos parte dele para a Palavra de Deus, para orar e para meditar nos Sagrados Estatutos.

A Segunda Milha

"Assim, se alguém te forçar a andar uma milha, vai com ele duas." (Mateus 5:41)

Sempre que leio os maravilhosos ensinos de Cristo, sou "brutalmente" confrontado em minhas atitudes e percepções. E sendo honesto, eu realmente tenho muito o que mudar. Muito mesmo.

Isso me traz muito discernimento e consciência de quem sou e do que preciso deixar para trás para refletir o Evangelho de Cristo em meu dia a dia, em meu interior e em minhas atitudes.

Esse versículo em destaque me faz pensar acerca destas "segundas milhas" que sempre aparecem em nossa vida, mas que nem sempre são convidativas a trilhar. Na maioria das vezes são bem difíceis e cansativas.

Não é fácil insistir em ajudar pessoas que muitas vezes não se ajudam como deveriam.

Não é fácil se decepcionar com pessoas e estender a mão novamente.

Não é fácil estender a mão a quem te humilhou, a quem te ofendeu, a quem não dá valor ao que você faz. Não é nada fácil.

No exercício do ministério pastoral, essa é uma realidade constante: aconselhar uma pessoa por diversas vezes e aparentemente não ter nenhum resultado. Mas, quando essa pessoa te procura por passar um momento de desespero, você acolhe novamente, exorta novamente, perdoa novamente e trata novamente. Isso é bem presente em meu cotidiano.

Em contrapartida, ouço de muitos que sou muito "bonzinho", que insisto demais, que perco meu tempo de mais com que não merece e claro, sou criticado por sofrer um desgaste que eu mesmo permito.

E esse é o questionamento central, em minha percepção, a respeito de caminhar a segunda milha.

Me pego pensando que não tenho o direito de não ajudar aqueles que me pedem. Nunca fui abandonado por Deus quando pedi misericórdia. Entendo claramente que caminhar a segunda milha é um privilégio, e entendo que todo cristão deveria ver isso como um privilégio também.

Claro que preciso ser coerente com meu tempo, e não vou desperdiçar meu tempo insistindo em ajudar quem não quer ser ajudado. Não posso viver a vida de ninguém e tomar atitudes por quem quer que seja.

Mas em minhas orações e devoções, eu peço a Deus

pelo privilégio de caminhar a segunda milha com aqueles que precisam de alguém para se apoiar e para se firmarem na caminhada. Peço a Deus a oportunidade de ser útil ao Reino.

Peço a Deus que sonde minhas motivações e me oriente sempre, para que eu caminhe a segunda milha, como um filho que entende o que Pai espera de mim, e não como um servo que obedece emburrado e pela mera obrigação de obedecer. Que minhas motivações sejam honestas e genuínas diante de Deus.

De forma que caminhar a segunda milha, tem a ver com servir, tem a ver com ser útil ao próximo e dar sentido a tua vida.

É entender que o Ide de Cristo também consiste nisso, em caminhar com os soldados feridos na batalha, com aqueles que não estão suportando a batalha da vida, e que por diversas razões não tem conseguido caminhar.

Sim, eu gosto de caminhar as "segundas milhas"... Pois quando precisei de apoio para caminhar as minhas intermináveis milhas, Jesus nunca deixou de caminhar comigo.

E é nessa consciência que quero caminhar... E ajudar a quem for necessário a caminhar quantas milhas forem necessárias.

Orando sobre isso hoje! Pense nisso também!

Abraço!

Verdadeira Liberdade

Se, pois, o Filho vos libertar, verdadeiramente sereis livres. (João 8:36)

É estranho perceber a quantidade de pessoas que pensam que são livres, apenas pelo fato de não estarem dentro de uma cadeia, literalmente.

Somos norteados, em nosso dia a dia a seguir tantas regras e conceitos, que por muitas vezes, fazemos determinadas coisas, por mera osmose, sem entender o motivo pelo qual agimos.

Agimos por conta de tendências e influências, das mais diversas origens, buscando uma aceitação fictícia do maior número de pessoas possível.

Muitas vezes, buscamos encontrar um lugar na sociedade, ou um modelo, tido como padrão de vida e existência.

E sem perceber, estamos presos, fazendo na maioria das vezes, coisas que outras pessoas entendem que é importante e que "deveríamos" estar fazendo.

No texto bíblico citado, vemos Jesus dizendo aos Judeus que se eles , de fato, fossem libertos, pelo Filho, aí sim, viveriam uma liberdade genuína.

Nessa ocasião, embora os Judeus estivessem livres de cadeias e opressões, eles ainda eram escravos da religiosidade, da mentira e da falsa aparência, embora não notassem o pecado com clareza.

Hoje , meu convite é para uma reflexão necessária: somos realmente livres? Repare que a afirmação de Jesus é muito clara: Só somos livres de verdade se Ele nos libertar.

E a verdadeira liberdade é essa: deixar Cristo ocupar o espaço necessário em nossa vida, para enfim, desfrutarmos da liberdade de andar em Seus Caminhos.

Andar na liberdade que só Cristo pode oferecer, não é apenas uma questão de filosofia de vida. É contar com a orientação do Senhor Jesus em nossa caminhada.

É viver uma vida de relacionamento direto com Deus, buscando nEle, o entendimento da vida.

É ser livre para abrir o coração ao amor que Ele nos oferece.

Ser livre para escolher caminhar com Ele.

Ser livre para ser feliz.

Ser livre para desfrutar de uma paz que excede a todo entendimento.

Ser livre para poder ter decisões que contam com a orientação de um Pai amoroso.

Livre de tudo o que poderia ser um peso na tua alma.
Essa sim... é a verdadeira liberdade em Cristo.
Além de refletir, convido você a andar nessa liberdade.
Seja livre, em Cristo.

Que Deus abençoe você!

Reverendo Marco Cicco

Recomendação aos cristãos em tempos de Crise Financeira

Sim, o Brasil vive uma crise financeira terrível. Há tempos não atravessávamos algo tão complexo, em um cenário de Caos Político e de muita instabilidade no mercado de trabalho. O desemprego atinge uns dos maiores índices dos últimos tempos. E ao que tudo indica, a situação não vai melhor tão rapidamente quanto a urgência pede.

Como Contador e Consultor Tributário, profissão que exerço há alguns anos, vejo de perto os efeitos da crise: endividamento, alta dos juros, pessoas sofrendo para quitar dívidas adquiridas a longo prazo. Com certa frequência sou consultado para realização de planejamentos financeiros causado pela falta de recurso e controle de gastos.

Como Pastor, me deparo com muitos cristãos que colocam sua fé em questão no momento de atravessar a crise financeira. Tragicamente muitos não confiam em Deus o tanto que pensam que confiam quando a cobrança chega e não há recurso suficiente para pagar a mesma.

Diante destes dois contextos, acredito que posso propor orientações que colaborem para que os mesmos, Crise e Fé, possam ser solucionados de forma madura e coerente com a realidade. A Bíblia, de fato, nos oferece excelente subsídios para que possamos enfrentar essas crises com discernimento necessário para que possamos viver dignamente na sociedade, mas principalmente diante de Deus.

Origem dos Recursos: A origem de tudo o que temos é e sempre será o Senhor. Você pode e deve fazer a tua parte humana, que é ir levantar cedo, ir estudar e se preparar academicamente, mas se Deus não te sustentar, nenhum esforço humano seria suficiente. Isso requer de nós reflexões e percepções honestas no que diz respeito a fé.

Lemos em Filipenses 4: 19 O meu Deus, segundo as suas riquezas, suprirá todas as vossas necessidades em glória, por Cristo Jesus. (Negrito meu).

Nossas necessidades serão supridas. Porém, muitos entendem que estas necessidades são os CAPRICHOS desnecessários que podemos viver sem. Necessidade para o cristão é ter o que comer. O próprio Senhor Jesus disse que o Filho do Homem (ele mesmo) não tinha onde reclinar a cabeça (Mateus 8:20), então diante disso, não consigo ver coerência e maturidade em quem disse que vai perder a fé porque "terá que cortar a internet de 50 megas de velocidade e meu filho vai ter dificuldades para jogos online". (Acreditem, já escutei isso em um aconselhamento).

Se reconhecemos o Senhor como a origem de todo o sustento de nossas vidas, devemos crer, que nossas necessidades serão supridas. E, OBVIAMENTE, isso não tem a ver em nada com a maldita da Teologia da Prosperidade, a qual repudio publicamente, e que ensina que Deus nos tornará ricos e milionários.

Considere isto: "Fui jovem e já estou velho, e nunca vi um justo abandonado nem seus descendentes mendigando o pão." (Salmo 37:25)

Gaste Menos Do Que Você Ganha: É o conselho mais óbvio que eu poderia oferecer, porém, é o conselho que mais repeti em toda a minha vida, no que diz respeito a organização financeira. Incrível o número de pessoas que vivem um padrão de vida que não condiz com seus ganhos pessoais. A preocupação com o "status" e com a vida de aparência (literalmente, mostrar para os outros que está bem financeiramente) faz com que muitos acumulem dívidas no cartão de crédito, usem reservas financeiras que estavam destinadas a outros objetivos, contratem empréstimos com taxas altíssimas para manter uma aparência. Isso é trágico, em todos os sentidos da palavra.

Gosto muito da definição de Richard Swenson acerca do conceito de "Margem", que ele aborda como "o espaço entre o nosso fardo e nossos limites". E aqui cabe algumas perguntas que devem ser respondidas com honestidade:

Você sabe qual a real margem financeira que você tem? Quanto você tem de despesas fundamentais e quanto essas despesas comprometem tua renda? Quais os valores PESSOAIS norteiam tua definição de despesas fundamentais?

Despesas fundamentais são aquelas que você tem que ter para sobreviver e trabalhar. Ou seja, é perfeitamente possível viver com um carro mais simples. Teu filho não precisa de um celular de R$ 2500,00 para ser feliz. Você não precisa comprar aquela camisa de R$ 800,00 para ser feliz. E isto são apenas exemplos de uma dura realidade de quem vive em função de ter as coisas. Lembre-se de onde deve estar o teu coração. (Mateus 6:21)

Com base nestas observações. Defina tuas margens. Coloque no "papel" ou em uma planilha o que é, DE FATO, essencial para o teu cotidiano. Acredite, você irá se surpreender com o que pode ser economizado.

Não É Pecado Se Preparar Para O Futuro: Muitos demonizam o fato de fazer reservas financeiras ou até mesmo algum tipo de previdência privada com base no texto de Mateus 6:34 onde Jesus fala sobre as preocupações do amanhã. Porém, o que está claro no texto é que Jesus diz para que não nos entreguemos à ansiedade, que é antecipar as coisas com sofrimento e de forma precipitada. Esse texto não é uma proibição para que façamos alguma previdência ou reserva financeira para ter uma aposentadoria mais tranquila.

Na verdade, devemos viver o hoje com as preocupações do hoje, mas sim, podemos de forma honesta e equilibrada, organizar o nosso dia a dia para que no amanhã não sejamos apanhados desprevenidos.

Economize Com Objetivos: Uma forma de economia que coloco em prática e sugiro sempre, é a de economizar 20% dos ganhos e destinar por objetivos. Por exemplo, se o salário recebido é de R$ 1.000,00, coloque duzentos reais na poupança. Parece que é muito e sacrificial, mas eu já ganhei este valor de salário e consegui, com muita disciplina, adquirir esse hábito. Com o tempo e o aumento salarial, elevei este percentual a 25%, destinando os outros 5% para uma reserva de férias. Ou seja, quando vou desfrutar de férias já tenho uma reserva, seja para pagar a viagem ou para consumir nas férias. Atualmente já consegui elevar essa reserva tendo em vista passos maiores. Conheço pessoas que tomaram medidas drásticas na economia e elevaram suas reservas em 60% de economia. Ou seja, é possível fazer este esforço.

Não Abandone a Liberalidade: O risco que se corre pensando em estruturar a nossa vida financeira é justamente de olhar demais para nós e esquecer os outros. Erro que muitos de nós cometemos. Porém, devemos entender que é uma dádiva poder ajudar os irmãos que estão desfavorecidos.

Cabe ressaltar que não estou aqui apoiando o mero assistencialismo, que seria sustentar ou ajudar quem está acomodado. Eu incentivo a ajuda direcionada, ou de forma mais popular possível "não dê o peixe, ensine a pescar." Em um primeiro momento, pode ser que você tenha que socorrer alguém emergencialmente, ou seja, "comprar o peixe". Porém, se você quer ajudar alguém para o longo da caminhada, "compre o peixe" inicialmente, mas compre uma "vara de pescar", ou seja, ajude. Essa ajuda pode ser traduzida: indicando para emprego, oferecendo uma oportunidade (caso seja empresário e tenha condições de fazer isso), ajudando a preparar um bom currículo, ensinando, direcionando, incentivando, orando, principalmente nos momentos de crise.

Trabalhe, trabalhe, trabalhe e quando se cansar, trabalhe um pouco mais: Não sou Workaholic (viciado em trabalho), mas já passei fases na vida em que trabalhei 16 horas no dia. Foram períodos intensos, picos de demandas profissionais, reuniões desgastantes e dias que pareciam que não tinham fim. Confesso que aprendi muito, principalmente, no que diz respeito ao VALOR do trabalho.

Aprendi que o custo do meu salário era maior do que meramente dinheiro. Era o meu tempo que estava em questão. Por conta disse, aprendi que deveria ser mais responsável com o uso dos meus recursos, pois era difícil conquistá-los. No trabalho conheci características boas e ruins do meu caráter. As boas procuro melhorá-las, e as ruins, luto para abandoná-las. Como cristão, não espero do meu trabalho apenas o recurso financeiro/material, mas aproveito a oportunidade para que meus VALORES sejam colocados à prova e aperfeiçoados. Valores que sempre coloquei em prática, mesmo quando trabalhei em lugares em que não fui valorizado ou que não tive boas oportunidades, e que sem dúvida, me conduzem até hoje a ser um cristão mais consciente sobre todo esse contexto.

Por fim, espero que estas propostas lhe sejam úteis e que lhe ajudem a caminhar de forma cristã em meio à crise, construindo algo sólido para nós, mas sem abandonar a caridade cristã para aqueles que precisam, conforme a nossa possibilidade, mas com a consciência que não podemos viver uma vida de egoísmo.

A minha oração é para que o Senhor te dê sabedoria para administrar tua vida, discernimento para viver com menos do que ganha, e disposição em servir, mesmo em meio à crise.

Dores na Alma

"Por que você está assim tão triste, ó minha alma? Por que está assim tão perturbada dentro de mim? Ponha a sua esperança em Deus! Pois ainda o louvarei; ele é o meu Salvador e o meu Deus." Salmos 43:5

Acredito que todos nós temos, em alguns momentos de nossas vidas, nos deparamos com dores cruéis em nossa alma.

Dias em que as derrotas nos afrontam.

Sim, todos nós perdemos e sofremos derrotas gravíssimas em algumas áreas de nossas vidas.

Todos nós passamos por dias em que a angústia e o desânimo são tão grandes que pensamos que não vamos aguentar tanta pressão. Interessante pensar que o autor deste salmo estava tão aflito que em dado momento ele expressa um encontro dele com ele mesmo.

Ele chega ao ponto de questionar o porquê de sua alma estar tão triste e perturbada

Interessante perceber também que esse confronto que o salmista faz em sua alma, o leva a despertar para uma realidade maior: a Esperança em Deus.

E entendo que para as dores da nossa alma, não há remédio melhor do que esse: voltar nossos olhos para Deus.

Somente nós e Deus sabemos, o quanto essas dores machucam nosso coração. E é justamente por isso que somente em Deus podemos ter esperança, pois só Ele nos conhece.

E é perfeitamente possível, mesmo em meio aos dias duros e complicados, encontrarmos esperança em Deus.

Mais do que encontrar a esperança, é possível encontrarmos a paz. Por isso proponho a você hoje esse confronto sadio. Confronte tua alma.

Não se desespere, não perca as esperanças, insista um pouco mais, tente resistir o quanto for possível.

Tenha a lucidez de passar por essas dores de forma que esse momento possa te servir de aprendizado e amadurecimento. Que essas dificuldades possam gerar dentro de você uma fé mais sólida.

E se a alma doer... e inevitavelmente vai doer, encontre esperança em Deus.

Alegre-se em Deus, traga à tua memória o que te traz esperança. Tenha a certeza que você ainda O louvará.

Minha oração: "Senhor, ainda que minha alma esteja doendo a ponto de questionar a minha fé, que eu tenha lucidez e discernimento para ter esperanças em Ti. Que eu nunca me esqueça da Tua Obra na Cruz, pois essa foi a maior coisa que alguém fez por mim. Obrigado Pai".

Revendo os Valores

Gostaria de te convidar a essa leitura, uma história verídica, que me fez rever alguns valores. Espero que gostem.

O reverendo Osborn Dickerson, um ex-escravo de Nova Orleans, recusou-se a parar de buscar e de louvar a Deus e de contar aos outros a respeito do Messias. Ele tinha o firme propósito de conhecer o Senhor. A seguinte história relatada por Joanna P. Moore mostra como esse propósito não mudou, apesar da oposição que aquele homem teve de enfrentar.

"Certa vez, um pouco antes de anoitecer, estava sentado em meu quarto, interessado em aprender a respeito do Salvador, e não ouvi meu senhor me chamando, até que ele se colocou de pé diante de mim. "Osborn", disse ele, "você sabe ler"?" "Sim", respondi, tremendo. "Você sabia que isso é contra as minhas regras?" "Sim, eu sabia." Então, ele tomou o livro da minha mão, rasgou-o e atirou-o no fogo. Senti como se ele tivesse arrancado meu coração. Fiquei esperando receber uma centena de chibatadas, mas meu senhor saiu da senzala sem dizer outra palavra. Então, eu afirmei: "É Deus que fecha a boca dos leões; Ele é o mesmo ainda hoje".

Eu vinha pregando para os escravos a respeito de Jesus e cantando os hinos que lembrava. Vários de meus companheiros se tornaram cristãos. Um deles foi Stephen, o servo que lidava diretamente com nosso senhor. Ele já trabalhava na fazenda por muitos anos e cuidava do patrão desde que este ainda era um garoto.

Um ano depois de eu ter perdido minha Bíblia, Stephen ficou doente e morreu. Nosso senhor ficou muito triste. Enquanto estava assentado ao lado da cama, e Stephen esvaía-se, o escravo disse: "Senhor, tenho um pedido a fazer; tu me concedes?"

"Sim, Stephen, qualquer coisa que você desejar, eu farei."

"Depois que eu morrer, por favor, deixe que Osborn me enterre. Deixe que ele cante e ore diante da minha sepultura."

O senhor prometeu cumprir o desejo do escravo. A carroça veio e levou o caixão para o túmulo reservado aos criados. O senhor estava montado num cavalo; os outros amigos, de pé ao redor da sepultura. Eu orei, repeti alguns versículos sobre a ressurreição e cantei, recitando as frases para que os outros também acompanhassem.

Quando cheguei à parte que dizia: "Os altos, os sábios e os irreverentes terão de se colocar tão baixo como nós", nosso senhor soltou um grito e caiu do cavalo. Os servos o levaram embora. Na manhã seguinte, mandaram chamar-me. Novamente orei ao Deus de Daniel, porque eu tinha medo que meu senhor me impedisse de pregar. "Osborn", ele disse, "você pode ensinar tua religião aqui nas minhas terras o quanto quiser e sempre que tiver disponibilidade de tempo, mas não vá a nenhuma outra plantação, porque isto é contra a lei."

Foi desta maneira que o Senhor abriu o Mar Vermelho para mim. Só consegui outra Bíblia quando os ianques chegaram. A primeira coisa que disse a eles foi: "Gostaria de ganhar uma Bíblia"; e eles me deram uma. Foi uma grande alegria para mim, tal qual a que senti no dia em que fui alforriado."

Essa é uma história verídica, extraída do livro "Água da Rocha – Reflexões Sobre Paz e Propósito de Vida".

Quando li, além de ficar emocionado, várias perguntas surgiram em minha mente, perguntas que fiz e faço a mim diariamente.

Infelizmente, falho por não dar o devido valor às dádivas que tenho. Das lutas que já passei e sofri na caminhada cristã, nenhuma delas se compara a do Reverendo Osborn.

Percebo então que tenho mais razões a agradecer do que reclamar.

Tenho comigo que a percepção do sofrimento dos meus irmãos que me antecederam na caminhada, traz a mim um profundo significado de vida e existência. E eu não quero viver em vão, ou apenas existir.

E ao pensar isso, começo a rever meus valores. Exercício diário, até aquele grande dia, onde estarei diante dAquele que me criou. E nesse dia, espero, do fundo da minha alma, que meus valores sejam os dEle.

Oro e me esforço para que nesse dia, Ele (Jesus) de fato tenha vivido em mim.

Sim, estou revendo meus valores.

Coisas Pequenas

Porque, quem despreza o dia das coisas pequenas?
(Zacarias 4:10)

Esses dias eu estava lendo o livro do profeta Zacarias, que em seu exercício ministerial tinha como objetivo avisar ao povo de Deus, mais uma vez, para se converterem de seus maus caminhos.

Um chamado ao Povo de Deus para voltar aos caminhos do Pai. Neste processo, o profeta Zacarias teve oito visões, cada uma apresentando um contexto relacionado à realidade do povo de Deus.

E em sua quinta visão, ele faz uma referência ao templo que estava sendo construído.

Dizem os estudiosos que, na época em que o Profeta Zacarias teve essa quinta visão, os Judeus estavam tristes porque este templo não era tão grande ou suntuoso quanto o templo de Salomão.

Havia de fato o entendimento de que quanto maior o

templo, melhor ou mais valorizado ele seria. E em dado momento o profeta Zacarias questiona: quem despreza o dia das coisas pequenas

Me pego pensando que nós hoje, por muitas vezes, desprezamos esses dias das pequenas coisas. O dia dos pequenos inícios e começos muitas vezes não tem valor nenhum em nossas vidas.

Pensamos muitas vezes que nossa caminhada com Cristo deve ser iniciada de forma absurdamente perfeita, cheia de "valores" que são vistos como primordiais em nossa vida.

Queremos sempre ser o maior, ser melhor, saber mais e conhecer mais. Porém, em se tratando de uma caminhada com Deus, precisamos entender que são nos pequenos começos que podemos construir grandes alicerces.

Nessas pequenas coisas, nas pequenas experiências, devemos contemplar a atuação de Deus em nossas vidas, com o objetivo de edificarmos a nossa fé.

E pode até ser que você esteja pensando: "Mas tenho feito tão pouco", "o que eu faço para Deus é muito pouco", "eu não tenho conhecimento suficiente para tal função", e concordo que esses são pensamentos razoáveis. É normal querer ser útil para o Reino de Deus e não se sentir apto a isso. Porém, tenha paciência com você mesmo. Comece simples, mas comece e permaneça.

Ainda que tua caminhada com Deus no início seja "pequena", tenha a certeza que você está construindo algo gigantesco: tua alma. Você está construindo a história mais linda de todos os tempos: a tua história.

Ainda não estamos prontos e estaremos em constante aperfeiçoamento até o fim de nossas vidas.

Sim, é um trabalho e tanto. Longo, árduo, e às vezes cansativo. Mas para esse trabalho seja concluído, ele precisa ser iniciado, mesmo que teu início seja pequeno.

Não despreze o teu pequeno início. Valorize teu começo. Desfrute do dia das pequenas coisas, e mova-se em direção a construção mais importante deste mundo: tua vida. Foi por essa construção que Jesus Cristo morreu, e ressuscitou.

Minha oração: "Senhor, ajuda-me a entender meus pequenos inícios. Ajuda-me a entender que embora esse começo seja pequeno, ele é necessário, para que eu possa vivenciar as etapas necessárias do meu amadurecimento. Ajudava-me a chegar ao fim de minha jornada mais parecido contigo Jesus".

Pense nisso!

www.ingramcontent.com/pod-product-compliance
Lightning Source LLC
Chambersburg PA
CBHW061657040426
42446CB00010B/1775